17 Carreras

El Camino Inexplorado Para Descubrir el Verdadero Potencial de la Vida

Garnet Morris
& **Olivia Chadwick**

LEGACY launch pad PUBLISHING

ISBN: 979-8-9997370-6-9 (ebook)

ISBN: 979-8-9997370-4-5 (paperback)

ISBN: 979-8-9997370-3-8 (hardcover)

Para más información sobre Olivia Chadwick y Garnet Morris, por favor escanea el código QR que se muestra debajo:

"El punto no parece ser simplemente permanecer igual toda la vida, sino crecer, crecer de verdad y abrirse, crecer en la visión, crecer en la conciencia".

—Paula D'Arcy

Elogios Anticipados para 17 Carreras

"A través de historias inspiradoras y ejercicios prácticos, *17 Carreras* desafía a los lectores a aceptar la incomodidad, cultivar la resiliencia y liberar su potencial único. Una guía poderosa para superar las creencias limitantes, desarrollar buenos hábitos y vivir con propósito".

—Dra. Bal Pawa, autora de *The Mind-Body Cure* y co-fundadora de Westcoast Women's Clinic

"¿Qué se necesita para enfrentarte a tus mayores miedos, desafiar las creencias que te frenan y encontrar el valor para seguir adelante? Lee *17 Carreras*, de Garnet Morris y Olivia Chadwick, para descubrirlo. A través de historias inspiradoras y ejercicios prácticos, este libro cambiará tu vida".

—Joe Polish, fundador de Genius Network y Genius Recovery

"*17 Carreras* es un viaje luminoso y transformador hacia el autodescubrimiento. La honestidad cruda y sin filtros de Morris y la calidez y claridad de Chadwick permanecerán en la memoria de los lectores mucho después de la última página".

—Teri Cochrane, consejera nutricional y practicante integrativa, autora del bestseller de Amazon *The Wildatarian Diet: Living As Nature Intended*

"Repleto de ideas sobre hábitos, sueños, valores y la importancia de la familia que uno elige, *17 Carreras* es una guía para la transformación personal impulsada por un propósito. A través de una narrativa poderosa, Morris y Chadwick comparten lecciones profundas sobre cómo liberarse de las creencias limitantes y vivir con integridad".

—Derek Norsworthy, empresario

"Garnet Morris y Olivia Chadwick son un ejemplo de tenacidad, determinación y valentía emocional, y su libro contiene pasos prácticos para aplicar sus lecciones en tu propia vida. *17 Carreras* es un poderoso recordatorio de la resiliencia del espíritu humano, y es más que una lectura apasionante: es una guía para la transformación".

—Rich Christiansen, autor de bestsellers del *Wall Street Journal*, empresario y filántropo

"*17 Carreras* reforzó mi compromiso con el crecimiento personal y me abrió las puertas a conversaciones significativas con mis hijos adolescentes sobre cómo superar desafíos y forjar su propio futuro. Ojalá lo hubiera leído a los 13 años".

—Jeremy Stich MD, médico y empresario

"*17 Carreras* ilustra los factores clave que todos necesitan para impulsarse y aprovechar su potencial para alcanzar (y luego convertirse) en la mejor versión de sí mismos".

—Taiki Shickele, asistente de investigación, Departamento de Física y Astronomía, Universidad de Columbia Británica

"En *17 Carreras*, Chadwick y Morris tejen una narrativa cautivadora sobre cómo superar sus circunstancias, transformar sus sueños en logros tangibles y "encontrar una familia elegida". Es un llamamiento sin complejos a los lectores para que den un paso adelante y alcancen todo su potencial".

—Tim Christiansen, fundador de Adventure Yeti Marketing, socio de Classy Kin—Family Legacy Branding & Apparel

"*17 Carreras* nos enseña por qué los reveses de la vida son nuestros mejores maestros en el camino hacia logros extraordinarios. No se trata solo de una guía, sino de una clase magistral sobre cómo superar todos los obstáculos para hacer realidad tus sueños más ambiciosos".

—Dorine Rivers, doctora, emprendedora en serie y autora de *Brain to Bank: How to Get Your Idea Out of Your Head and Cash In*

"Las historias de Chadwick están muy bien elaboradas y son cautivadoras, capturando a la perfección la verdad y la sabiduría de las ideas de Morris. He leído miles de libros de negocios y autoayuda, y *17 Carreras* está entre mis 10 favoritos".

—Matt Nealand, licenciado en Ciencias, técnico de emergencias médicas, director del programa de servicios médicos de emergencia de la EMTS Academy y del consorcio del programa de paramédicos del centro médico St. David's Round Rock

Este libro está dedicado a Keenan el Magnífico y a todos los Keenans del mundo que se han enfrentado a los retos de la vida desde muy temprana edad. Que este libro sea un homenaje a su increíble fuerza interior y una fuente de apoyo para seguir superando las adversidades. Estamos infinitamente orgullosos y esperamos que esto sirva como recordatorio de lo poderosos y resilientes que son.

Contenido

Prefacio

Cuando Garnet me propuso escribir este libro, estábamos en Vancouver, caminando con un grupo numeroso desde nuestro hotel hasta un restaurante italiano local que tenía reseñas increíbles. Todos estábamos ahí para reunirnos con Rich Christiansen, fundador de Legado Family, que se especializa en crear experiencias que fortalecen los lazos familiares. Estábamos explorando el concepto de "familia elegida", un término que aún no conocíamos, pero que surgiría durante la creación de este libro.

Como suele ocurrir con los grupos grandes que caminan por una ciudad concurrida, nos dividimos naturalmente en grupos más pequeños de dos o tres personas, delimitados por conversaciones inconclusas, el ritmo de la caminata o el deseo de conectar con alguien nuevo. Estos encuentros breves, como nuestro corto paseo hasta el restaurante, nos dieron el tiempo justo para mantener una conversación abierta con la seguridad de los límites. Garnet y yo caminamos juntos, después de haber estado sentados en extremos opuestos de una larga mesa de reuniones durante todo el día.

La intensidad de nuestra conversación debió de ser evidente para el resto del grupo, ya que pronto nos encontramos caminando detrás de todos los demás. Ambos parecíamos entender que esta era una oportunidad para ponernos al día, pero Garnet también tenía algo más en mente. Me habló de una idea que había estado madurando en su cabeza: escribir un libro.

Que Garnet estuviera pensando en escribir un libro no me sorprendía; sabía que llevaba tiempo pensando en una forma de compartir con el mundo sus creencias y las lecciones que había aprendido con tanto esfuerzo, y que al hacerlo podría ayudar a otros a superar sus propios retos. Pero, como él mismo explicó, su visión del libro había evolucionado. Ahora, en lugar de escribir el libro para todo el mundo, quería escribirlo para mi hijo, Keenan.

A lo largo de nuestra relación, Garnet había establecido un vínculo con Keenan, a quien cariñosamente apodó "Keenan el Magnífico" durante una cena que compartimos todos una noche. El nombre se quedó, no solo por la sinceridad con la que se lo dio, sino porque, a los seis años, Keenan lo adoptó como título y comenzó a referirse a sí mismo en tercera persona. Para Keenan, Garnet era en parte abuelo, en parte mentor y en parte amigo, y para Garnet, creo que Keenan representaba una versión de sí mismo en sus años de crecimiento. Por eso, cuidar de Keenan y ayudarlo a desarrollar todo su potencial le había dado a Garnet un nuevo sentido a su vida; parecía ser una forma de transformar las dificultades por las que había pasado en lecciones significativas que podía transmitir directamente (una expresión del profundo compromiso de Garnet con la generosidad, que es un tema recurrente a lo largo de este libro).

Garnet me explicó que, al escribir este libro, quería compartir con Keenan **los cuatro hábitos de referencialidad** de Dan Sullivan. Según Dan Sullivan, cofundador de Strategic Coach®, los cuatro hábitos de referencialidad son:

- Llegar a tiempo.
- Hacer lo que se dice.
- Terminar lo que se empieza.
- Decir 'por favor' y 'gracias'.

Estos eran hábitos que Garnet había aprendido a las malas y a los que atribuía gran parte de su importante éxito. También los había compartido conmigo, y ambos coincidimos en que eran poderosos en su simplicidad. Garnet y yo habíamos hablado anteriormente de lo difícil que podía ser adherirse a estos principios de conducta, por muy básicos que parecieran, aunque también coincidíamos en que hacerlo de manera constante y sin vacilar podía dar lugar a resultados excelentes.

Pero los cuatro principios de Sullivan no fueron el final de la conversación, sino que se convirtieron en un punto de partida para que Garnet y yo nos sumergiéramos en aguas más profundas e introspectivas de lo que cualquiera de los dos (o al menos yo) esperaba. Como explicó Garnet, quería mi apoyo para ayudar a darle vida a este libro. Necesitaba a alguien con formación en ciencias sociales y psicológicas que le diera credibilidad al impacto de estas lecciones, sí, pero lo más importante era que necesitaba a alguien que le ayudara a reflexionar sobre los momentos y experiencias que habíamos compartido a lo largo de los años, ya que teníamos una relación única. Cuando nos conocimos, yo era su entrenadora y preparadora física, y nuestra relación era estrictamente profesional. Sin embargo, con el tiempo, se convirtió en una profunda amistad, y finalmente, decidimos oficialmente convertirnos en la familia del otro. (Era parte de la razón por la que estábamos en Vancouver en primer lugar).

En la nueva visión de Garnet, el arco de nuestra relación y nuestras numerosas conversaciones cambia-vidas iban a convertirse en la nueva columna vertebral del libro. Nuestra historia, además, se contaría principalmente desde mi perspectiva; en parte porque él no tenía interés en escribir un libro de autoayuda tradicional ni en ensalzar su propio éxito, y en parte porque yo podía hablar ampliamente sobre el impacto que nuestra relación tuvo en mí y en mi hijo, Keenan. Al contar nuestra historia de esa forma, me ponía en una posición única para proporcionar a otros lectores un lente a través del cual pudieran elaborar sus propias ideas.

Aunque ese día marcó el comienzo de nuestro viaje como coautores, lo que siguió fueron muchas otras ideas convergentes y descubrimientos personales que no podíamos haber previsto. Después de muchos borradores y revisiones, nos decidimos por el título *17 Carreras*, tanto como un guiño a cómo había crecido nuestra amistad al entrenar juntos, como porque era la edad que tendría Keenan cuando le regaláramos el producto terminado.

Como seres humanos, somos narradores natos y, a lo largo de este camino, descubrimos que gran parte de lo que creíamos saber sobre nosotros mismos y sobre los demás (y que pensábamos que iba a convertirse en una simple recopilación de lecciones aprendidas) se transformó gradualmente en algo mucho más grande. Pero ¿cómo podríamos haber adivinado lo transformador que iba a ser para nosotros escribir juntos este libro?

En su versión final, *17 Carreras* intenta honrar todos los temas emocionales y filosóficos que Garnet y yo discutimos una y otra vez durante años (y que aún hoy seguimos debatiendo). Más que servir como una guía oficial para las dificultades de la vida, nuestra esperanza es que este libro provoque una reflexión y un debate reales, convirtiéndose así en una fuente de consuelo e inspiración para otros, ayudándoles a superar creencias limitantes, a encontrar fuerza en sus propias familias elegidas y a aprender a soñar de nuevo. En otro nivel, es un testimonio muy personal del amor y el respeto que Garnet y yo nos tenemos, primero como amigos y, finalmente, como familia elegida.

—Olivia Chadwick, 2025

Prólogo

Habría sido una lástima que Garnet y yo no nos hubiéramos conocido, ya que nuestras conversaciones sinceras nos enseñaron mucho a los dos sobre cómo vivir con integridad. En retrospectiva, sin embargo, perdernos todo ese crecimiento es algo que muy bien podría haber pasado.

Cuando Garnet se convirtió en mi cliente, yo estaba desarrollando mi negocio de entrenamiento personal, trabajando principalmente con directores ejecutivos como él. Garnet entrenaba con una amiga mía, pero sus horarios eran tan impredecibles que con frecuencia acababa cancelando casi la mitad de sus sesiones. No sé por qué, pero ese tipo de cosas no me molestaba; nunca me importó mucho si mi horario fluctuaba.

Mi amiga sabía que yo era bastante flexible en ese aspecto, así que me llamó.

— Es muy simpático, —me dijo— pero no puedo soportar su falta de constancia

Y así, el sábado siguiente tuve mi primera sesión con Garnet.

Sabía muy poco sobre él, salvo que había amasado, toda su fortuna en el negocio de los seguros y, por supuesto, que podía ser impredecible. Lo que iba a descubrir a lo largo del año siguiente todavía me cuesta creerlo.

Nacimos con dos décadas y media de diferencia en lados opuestos del globo. Él tenía un poco más de 50 años cuando nos conocimos y yo estaba acercándome a los 30; él es originario de Canadá y yo de Inglaterra. Pero nuestras infancias y sus dificultades a veces extremas, eran extrañamente similares y nos llevaron a nuestro improbable encuentro.

Fui descubriendo sobre la infancia de Garnet poco a poco, a partes y piezas. Según aprendí, no le gustaba hablar de eso por varias razones: no quería que le tuvieran lástima y no quería que nadie sintiera la necesidad de tratarlo de forma diferente o darle algo que no creía que se hubiera ganado. Sobre todo, no quería usar su infancia como excusa para no lograr lo que sabía que era capaz de hacer. Pero lo que me contó poco a poco sobre su infancia era desgarrador.

Garnet nació en la pobreza, siendo el segundo mayor de seis hermanos. Su madre era muy joven cuando lo tuvo y, debido en parte a su edad y circunstancias, podía ser cruel. Castigaba a Garnet por cosas que escapaban a su control, como su mala salud, y mandó a su hermana mayor a vivir a otro lugar cuando ella tenía solo cuatro años. De adolescente, justo cuando empezaba a separarse de su familia y a encontrarse a sí mismo, fue abusado sexualmente por un amigo de la familia, lo que lo lanzó a una espiral de vergüenza y autodesprecio. De ahí en adelante, se mantuvo determinado a no depender de nadie más que de sí mismo.

Estaba decidido a abrirse camino hacia una vida diferente, y lo hizo. Garnet alcanzó el éxito financiero a edad temprana, antes de cumplir los 25. Habiendo conseguido un préstamo, compró un hotel y rápidamente amasó su fortuna gracias a su talento natural para los negocios y los números. Se casó y tuvo dos hijas, y durante casi dos décadas, su situación fue en auge, pero no duró. Uno tras otro, dos de sus hermanos murieron por suicidio, y sus padres estaban tan consumidos por el dolor que él tuvo que hacerse cargo de todo por su cuenta.

Con frecuencia, las conversaciones que Garnet y yo teníamos eran una cuestión de quién iba a hacer llorar al otro primero, ya que eran así de intensas y profundas. Al final resultó que nuestras vidas habían estado coloreadas por eventos formativos similares en cuanto a su oscuridad, lo cual ya es raro; la probabilidad de que eso pasara y de sentir, además, una conexión cósmica entre nosotros parecía prácticamente inaudita.

Cuanto más aprendía sobre Garnet, más me impactaba, porque mi trasfondo de vida incluía muchas de las mismas dificultades. Mi familia era de clase trabajadora, y cuando mis padres se divorciaron, mi padre nos abandonó a nosotros y a sus responsabilidades. Aprendí rápido a no causar problemas. Me encerré en mí misma, lo cual funcionó hasta que ya no lo hizo más. Desarrollé un trastorno alimenticio y pronto desenterré el recuerdo de haber sido abusada sexualmente por mi tío. Por años, escapé de esa verdad, hasta que ya no pude huir más y finalmente tuve que afrontar la devastación emocional y el trauma que me causó. Para entonces, había sufrido otro golpe: mi hermana, brillante y atormentada, se quitó la vida a los 22 años.

Mientras Garnet y yo entrenábamos juntos e íbamos descubriendo estas extrañas similitudes, nos fuimos abriendo el uno al otro cada vez más y más.

Empezamos a hablar de cómo las circunstancias en las que habíamos nacido nos habían frenado y motivado a la vez; cómo nos habían ayudado y perjudicado al mismo tiempo. Como era veinte años mayor que yo, Garnet estaba más avanzado en el proceso de sanación. También estaba más avanzado en los negocios por varios millones de dólares, a pesar de haber cometido algunos errores devastadores en el camino que casi le costaron todo. Como no quería que yo siguiera los mismos pasos, y poco a poco se convirtió más en un amigo que en un cliente, empezó a enseñarme, sin darse cuenta, las lecciones de vida que había aprendido a lo largo de los años (y esto fue mucho antes de que pensáramos en coescribir un libro). Gran parte de nuestro entrenamiento se basaba en correr y, como suele ocurrir durante ese tipo de actividad física, nuestras barreras se derrumbaron a lo largo de esas sesiones de entrenamiento.

Algo que Garnet y yo debatíamos con frecuencia era la idea de un sistema de creencias familiares. Esto no es en referencia a un conjunto de creencias religiosas, sino más bien al sistema de valores en el que nos criamos.

A él y a mí nos criaron con la idea de que no éramos dignos de ser amados, que había algo malo en nosotros porque no encajábamos en nuestras respectivas familias. Algunas familias fomentan el crecimiento y el cambio, pero otras viven con miedo a eso y esperan que todos se adapten y hagan lo mismo. Para quienes crecen en esos sistemas familiares, el cambio puede ser entonces extremadamente difícil.

Pero la creencia más profunda de Garnet era y sigue siendo que todos somos capaces de superar las dificultades y vivir la vida que estamos destinados a vivir, siempre y cuando estemos dispuestos a poner el esfuerzo que se necesita para vivir con integridad.

Esa siempre había sido también mi creencia, aunque nunca había podido expresarla tan claramente antes de que nos conociéramos.

Cuanto más discutíamos esta idea, más nos dábamos cuenta de que muchos de los obstáculos que se nos habían interpuesto en el camino cuando éramos niños habían sido o podían ser transformados o eliminados mediante pasos intencionados, y a menudo difíciles. Esos pasos incluían cosas como aprender a soñar de nuevo, desarrollar buenos hábitos, identificar nuestros verdaderos valores personales, crear objetivos específicos y sentirnos cómodos con la incomodidad. Después de debatir estos temas innumerables veces, nos dimos cuenta de cuánto nuestras conversaciones habían cambiado fundamentalmente quiénes éramos como personas. Con el tiempo, quisimos compartir nuestras charlas con otras personas que estaban pasando por dificultades y que podrían beneficiarse de ellas de forma similar. El objetivo final era ofrecerles las mismas herramientas e ideas que nosotros utilizamos para superar nuestros propios límites y empezar a vivir las vidas que realmente habíamos soñado. Tal como lo veíamos, si nosotros podíamos hacerlo, cualquiera podía.

Como Garnet y yo descubrimos en nuestras vidas reales, tuvimos que derribar nuestras propias barreras antes de poder transformarnos para mejor a través de nuestra relación. Mientras escribíamos este libro juntos, aprendimos que el mismo principio era aplicable entre autores y lectores. Como él dijo una vez: "Cuando te abres, encuentras gente, pero la gente necesita saber que los estás buscando".

Aprendimos que no podíamos limitarnos a enumerar lecciones importantes o posicionarnos como si tuviéramos todas las respuestas.

Dado que develar nuestros momentos más difíciles fue lo que nos permitió superarlos, aquí hacemos lo mismo. En estas páginas, ofrecemos únicamente lecciones aprendidas a través de nuestra propia experiencia vivida y con la autoridad de una vulnerabilidad ganada con esfuerzo, y ojalá que no desde un púlpito ni ningún tipo de tribuna. Esto significa que, a medida que leas, cualquier "lección" (más bien, cosas para considerar más a fondo) surgirá al aprender cómo Garnet y yo derribamos nuestras propias barreras para desarrollar nuestra relación.

Este libro abarca el primer año que Garnet y yo trabajamos juntos. Algunos capítulos representan sesiones individuales vinculadas a un recuerdo o un momento específico, aunque habitualmente él y yo seguíamos discutiendo los temas de esas sesiones incluso hasta semanas después. Seguido de cada capítulo, los lectores encontrarán resúmenes de los puntos principales que discutimos, preguntas para reflexionar y ejercicios para tratar de encontrar un sentido de dirección.

Entre estos capítulos también van a encontrar viñetas independientes sobre nuestras vidas que ayudan a explicar de dónde venimos Garnet y yo más allá de nuestra relación. Se incluyen por transparencia y contexto, ya que cada una marca un instante en el que nuestras trayectorias cambiaron irrevocablemente (aunque también son un homenaje a *Tuesdays with Morrie*, de Mitch Albom, un libro que nos inspiró a ambos). Muchas de estas piezas contienen experiencias profundamente dolorosas por las que pasamos, así como los obstáculos a los que nos enfrentamos y cómo los superamos. Mientras que los capítulos principales están narrados con una voz compartida, en las viñetas hablamos de nuestras vidas desde nuestras propias perspectivas. Por último, al final del libro pueden encontrar recursos adicionales, muchos de los cuales hemos utilizado nosotros mismos, que esperamos los ayuden en su camino.

Para mí, este trayecto ha sido accidentado, pero me ha cambiado la vida. Hace años, me desilusioné con la industria del fitness y su hiper enfoque en estándares corporales poco realistas, el ejercicio como dolor o castigo y la pérdida de peso como el indicador definitivo de la salud. Mi evolución personal y profesional ha incluido el descubrimiento del mundo de la autocompasión y el deseo de llevar ese mensaje a tantas personas como pueda (y durante nuestro tiempo juntos, Garnet también me ayudó a concebir cómo podía orientar mi negocio en esa misma dirección).

No siempre ha sido fácil, de hecho, a veces ha sido profundamente difícil, pero todo eso me ha enseñado de lo que soy capaz y lo que todavía me queda por hacer. En este libro, les mostramos a ustedes, los lectores, los pasos que dimos para descubrir quiénes éramos realmente, qué queríamos de la vida y cómo podíamos lograrlo, incluso y especialmente cuando eso significaba hallar la integridad para definir nuestras vidas por nosotros mismos y no por los valores que heredamos de nuestras familias de origen.

Habiendo dicho todo eso, Garnet y yo corrimos 200 carreras juntos durante nuestro primer año. Esperamos que nos acompañes en algunas de ellas. Al compartir los conocimientos que más nos ayudaron, es nuestro deseo que otros aprendan de nuestras historias y eviten errores que de otro modo podrían conducir a un sufrimiento innecesario. Como esperamos que nuestra historia demuestre, cualquier persona, independientemente de su origen, puede vivir la vida que realmente sueña, aunque eso pueda requerir cierta incomodidad inicial y un compromiso de por vida con la integridad.

—Olivia Chadwick

1. Identificando y Removiendo Nuestros Ladrillos

"Si te sientes perdido, comprende que todos lo estamos, y aun así somos guiados: por Ángeles Extraños y Gigantes Dormidos, por nuestra naturaleza mejor y más bondadosa, por la voz vibrante que late en nuestro interior. Sigue esa voz, porque ese es el camino: el camino del héroe, la vida que vale la pena vivir, la razón por la que estamos aquí".

—Elizabeth Lesser

Fecha: 1 de *Octubre de 2011*
Hora: 5 a.m.
Sesión: 10

En Saskatoon, Saskatchewan, el sol no sale hasta después de las 8 a. m. desde principios del otoño hasta el invierno. Como de costumbre, el lunes me desperté antes que todos en casa para prepararme para una sesión de entrenamiento con Garnet.

Llevábamos trabajando juntos casi un mes y poco a poco lo iba conociendo. Como con todos mis clientes, dediqué las primeras sesiones a conocerlo lo mejor posible y a determinar qué tipo de régimen de entrenamiento sería el más efectivo para su condición física, sus metas y su personalidad.

Uno de sus principales objetivos era aumentar su fuerza cardiovascular, así que hasta entonces nos habíamos centrado en correr. Había planeado para esa mañana una carrera de resistencia al aire libre de seis kilómetros.

Pero cuando miré por la ventana hacia la oscuridad total, me di cuenta, con cierto pánico, de que la noche anterior nos habíamos quedado sepultados bajo la nieve. Mientras rebuscaba en mi armario tratando de encontrar un abrigo extra, traté de pensar en un plan B por si a Garnet no se le antojaba salir al frío abrasador. Una vez que encontré lo que buscaba, me escapé de mi cuarto a la cocina, intentando ser lo más silenciosa posible. Mi pareja, nuestro hijo de tres años y el inquilino que nos alquilaba el sótano seguían durmiendo. Lo último que quería era despertar a mi hijo pequeño, lo que me hubiera retrasado bastante y habría irritado a mi pareja, y, de paso, también a nuestro inquilino, me imaginaba.

Así era como transcurrían la mayoría de mis mañanas, y eso solía significar que me alistaba para salir en la total oscuridad. Miré el reloj: las 4:45 a.m. El departamento de Garnet estaba a solo siete minutos de distancia de nuestra casa, pero no quería arriesgarme a llegar tarde. Agarré una botella de agua, me salté el desayuno y el café, y me fui.

Garnet vivía en un hermoso edificio de departamentos de ocho pisos que colindaba con la orilla sur del río South Saskatchewan. Vivió ahí unos meses tras divorciarse de su primera esposa. Llevaban más de 30 años casados y tenían dos hijas; pero, como suele ocurrir, se distanciaron. Aunque era parco para dar detalles, sentí, por mis conversaciones con él, que la adaptación había sido difícil y que la vivía como un fracaso personal.

Garnet me esperaba en el lobby cuando llegué. Vestía ropa deportiva impecable y, como siempre, parecía tan pulcro como si acabara de ducharse, aunque estábamos a punto de entrenar. En cada una de nuestras sesiones, nunca tuvo ni un milímetro de barba incipiente, que mantenía perfectamente afeitada. Esto me llamaba la atención porque, en mi experiencia, existe una asociación entre el éxito y el esfuerzo por cuidar la apariencia personal, sobre todo en un momento del día en el que sería fácil dejarlo pasar. Demostraba respeto por sí mismo y un compromiso por mantener la vara alta en todo momento, independientemente de la actividad o la situación.

Él me saludó con la mano cuando entré, y sus brillantes ojos azul cielo eran amigables.

—Garnet, estaba planeando salir a correr hoy —le dije al acercarme—. ¿Te parece bien? Hace bastante frío afuera.

—Claro —dijo—. No me molesta el frío. Vamos a ir entrando en calor sobre la marcha.

Ya me había dado cuenta de que él no tenía problema con salir con este tiempo, pero aun así me sorprendió. El termómetro marcaba -15 grados Celsius, una temperatura tan gélida que para quienes no viven con inviernos como este, en el mejor de los casos la considerarían increíblemente incómoda y, en el peor, potencialmente dañina. Requiere una profunda dedicación a los objetivos de salud, pero más que eso, requiere la voluntad y la capacidad de superar los pensamientos negativos que insisten (¡muy convincentemente!) en que quedarse adentro de tu casa sería mucho más agradable.

Empezamos con algunos estiramientos en el lobby antes de la carrera.

—¿Qué tal tu mañana? —me preguntó, apoyándose en la pared como le indiqué, estirando cada pie uno a uno.

—Bien —dije casi automáticamente, intentando no pensar en todos los que seguían profundamente dormidos en mi casa.

—Me alegro —dijo, asintiendo con una sonrisa cálida.

Salimos rumbo a un sendero para correr que nos gustaba a ambos, que serpenteaba junto al agua. Era tranquilo y sereno, y a esa hora de la mañana, parecía que éramos los únicos en el mundo. Mi objetivo para la sesión de ese día era que corriera unos 400 metros más de lo que había corrido hasta entonces, y cuando termináramos, íbamos a ir al gimnasio que tenía su edificio para entrenar con pesas y hacer más estiramientos.

Mientras nos dirigíamos al sendero, charlamos sobre nuestras vidas. Era una rutina que habíamos adoptado rápido; al igual que yo, Garnet prefería evitar las conversaciones intrascendentes y conocer a la gente a un nivel más profundo más pronto que tarde. Fue muy abierto conmigo sobre su camino hacia la salud hasta el momento. Había perdido más de 45 kilos en los últimos años, principalmente gracias a un cambio en sus hábitos alimenticios. Contó un poco sobre algunos de los desafíos que estaba teniendo con su futura exesposa, e incluso algunas anécdotas sobre su infancia, que, por lo que pude ver, había sido muy difícil.

Asimismo, conocía mis objetivos para mi negocio de entrenamiento personal y sobre mi distanciamiento de varios miembros de mi familia. También fui bastante abierta con respecto a algunos problemas de salud que tenía mi hijo, que mi pareja y yo aún estábamos en proceso de comprender.

Como Garnet solía correr más lento, adquirí un ritmo para mantenerme con él donde su cuerpo naturalmente quería estar. Pasamos junto a edificios soñolientos junto al agua helada, nuestro aliento visible en el aire gélido. Mientras trotábamos, le conté a Garnet sobre el día que me esperaba, que se parecía a la mayoría de mis días últimamente.

—Después de esto, intentaré llegar a mi casa a tiempo para ayudar a llevar a Keenan a la guardería, y seguido de eso tengo dos sesiones de entrenamiento seguidas hasta las 5:30 —dije—. Voy a ir a mi casa a comer y después al estudio de Pilates a dar clases un par de horas más.

Le conté que hacía todo esto para poner un techo sobre nuestras cabezas y comida en la mesa, pero que también era muy importante para mí estar siempre trabajando por un objetivo mayor: llevar mi negocio al siguiente nivel, trabajar en mí misma, profundizar o mejorar mi relación. Mi pareja y yo tuvimos un comienzo complicado; tras años de noviazgo intermitente, nos embarazamos poco después de que yo me graduara de la universidad. Cambió por completo nuestros planes de vida. Aun así, nunca renuncié a mi sueño de progresar en mi profesión y darle a mi hijo una vida mejor que la que yo había tenido. En este sentido, mi pareja y yo éramos diferentes. Es un gran trabajador y una persona profundamente amable, pero como muchas personas en sus veintitantos, no había encontrado su pasión y luchaba con las exigencias de la vida adulta.

Eso significaba que yo era el principal sostén económico del hogar y él dedicaba más tiempo al cuidado de nuestro hijo. Pero después de trabajar unos años, tuvimos dinero suficiente para el pago inicial de una casa. No era la más grande ni la más nueva, pero era nuestra: un encantador bungalow de 93 metros cuadrados en un barrio residencial tranquilo. Pensaba que con el tiempo nos íbamos a mudar a algo más grande. Soñaba con expandir mi negocio y llegar a más personas con un mensaje de empoderamiento, y en el fondo, creía que podía lograrlo. Simplemente no sabía por dónde empezar.

Y todo esto salió a la luz mientras Garnet y yo corríamos. Era inusual; normalmente yo era la que escuchaba durante las sesiones de entrenamiento. Mis clientes a menudo me trataban como entrenadora y terapeuta a la vez, lo cual no me molestaba en lo absoluto. Disfrutaba conociéndolos como seres humanos. Pero rara vez era yo quien hablaba. Con Garnet era diferente, en parte porque hacía preguntas y se interesaba por escuchar las respuestas, y también porque compartíamos muchos valores fundamentales.

De cualquier forma, mientras seguía parloteando, insistí en que estaba haciendo todo lo posible para que nuestras vidas funcionaran y para darle un buen ejemplo a mi hijo. En cierto modo, sin embargo, sospechaba que el miedo me frenaba.

—¿Sabes, Olivia? —dijo Garnet entre bocanadas de aliento blanco—. La mayoría de la gente no se da cuenta de que pueden superar sus sistemas de creencias familiares. Me refiero a que puedes hacer cambios en tu vida para vivir como quieras, en lugar de simplemente seguir el camino en el que te criaron.

Doblamos una esquina nevada, y el cielo negro ante nosotros comenzó a teñirse de un azul intenso.

—Eso es lo que hiciste, y es lo que hice yo —continuó Garnet—. Ambos tuvimos infancias difíciles y tomamos decisiones a lo largo del trayecto que nos encaminaron hacia nuevos rumbos. Se llama "remover ladrillos": la determinación de superar los obstáculos que se cruzan en tu camino, puestos por tus padres, los padres de tus padres, el sistema en el que te criaste, los amigos, las redes sociales, etc., uno por uno. Una vez que reconoces esos obstáculos, es cuestión de estar listo para la incomodidad que vas a sentir al romper tus patrones del pasado.

Nunca antes había oído mi vida siendo descrita de esa manera, y me sorprendió tanto que casi me frené en seco.

Crecí en una familia de clase trabajadora en Inglaterra y fui la primera en ir a la universidad. Mi trayectoria no me parecía inusual; me había parecido muy natural, aunque se desviara del ejemplo que mi familia me había dado. Lo que pasó entonces fue que, una vez que mi negocio de entrenamiento personal se estancó, no supe qué hacer a continuación y no confié en mí misma para resolverlo.

Había heredado este lastre, la sensación de que no merecía tener éxito. Era una creencia que limitaba mi idea de mí misma y de mis capacidades, y me impedía crecer y alcanzar mi máximo potencial. Era autosabotaje, y significaba que ni siquiera sabía cómo dar los primeros pasos que iban a permitirme aprender a perseguir mis sueños o satisfacer mis necesidades. De hecho, ese mensaje de no ser digna de tener más de lo que había recibido mientras crecía era tan potente en mi mente y producía pensamientos negativos tan poderosos y ruidosos que me costaba incluso escuchar mi propia voz y mis deseos.

Después de correr unos tres kilómetros, Garnet y yo hicimos una pausa para tomar agua y recuperar el aliento. Era casi la hora de dar la vuelta, así que poco a poco empecé a correr de nuevo antes de que perdiéramos el impulso.

Reflexioné sobre sus ideas.

—Es casi como si tuvieras que convertirte en una persona diferente, ¿no? —dije—. Desafiar esos viejos sistemas de creencias significa que podemos crear una nueva realidad.

—Sí —respondió él—. Siempre vamos a reproducir esos discos en nuestra cabeza, los que nos inculcaron en nuestra infancia, pero debes crear tu propia perspectiva, que probablemente entrará en conflicto, en gran medida, con los valores de tu familia y con la forma en que ellos te criaron y vivieron su vida.

Pensé en cuán asustada estaba de mudarme lejos de casa, aunque sabía que era lo correcto. Fue en ese entonces cuando empecé a definir mis valores. Resultó ser cuando removí el primer ladrillo. Ahora era como si todavía cargara con los demás y los pusiera yo misma en mi camino porque así me sentía cómoda.

—La mayoría de la gente no entiende lo que significa ir más allá de lo que conocen e imaginar algo diferente —continuó Garnet—. Tu capacidad innata para hacerlo significa que vas por buen camino.

Mientras lo decía, el sol empezaba a asomar por el horizonte, iluminando el exterior del edificio de Garnet de una forma que convertía sus paredes de cristal azul en un rosa iridiscente.

Cuando volví a mi casa ese día, Keenan ya estaba despierto. Estaba animado y contento de verme, y le di un gran abrazo. Mi pareja también estaba despierta, y los dos estaban jugando con peluches en la alfombra de la sala. Con las palabras de Garnet aún resonando en mi cabeza, sentí que empezaba a ablandarme.

Pensé en lo que realmente es un ladrillo. Es duro, sí, y pesado, y tiene el potencial de hundir a alguien con su peso. Pero no es impenetrable. Si quería quitar un ladrillo, solo tenía que entender de qué estaba hecho, creer en mi habilidad para quitarlo, desarrollar las habilidades para hacerlo y estar dispuesta a seguir intentándolo, tal vez varias veces si no lo conseguía a la primera. Necesitaba crear una voz interna que cuestionara por qué lo había mantenido ahí en primer lugar.

Todos estos eran pasos que sabía que podía dar. Las viejas creencias pueden crear una realidad, pero no crean una única realidad.

Cuando comenzó mi sesión matutina con Garnet ese día, me sentía insegura acerca de mis esfuerzos y la dirección en la que me dirigía. Pero ahora que tenía este nuevo lenguaje para eso con lo que estaba lidiando, podía sentir que algo empezaba a cambiar. *Quizás ya estoy haciendo muchas cosas bien y solo necesito ser un poco más amable conmigo misma*, pensé. No sabía adónde iba a parar todo esto, pero sí sabía que ya había empezado el trabajo y que, al final, dependía de mí.

Cosas Para Pensar Sobre

Aprender a Identificar y a Remover Tus Propios Ladrillos

A tener en cuenta: Si bien las secciones presentan momentos cruciales de nuestra relación, lo cierto es que lo hacen de forma condensada. En realidad, estas conversaciones duraron semanas o meses, y algunas continúan aún. Por lo tanto, cada una de estas secciones son resúmenes de conversaciones reales que tuvimos, en lugar de prescripciones a seguir o conclusiones demasiado precisas. Estas son las cuestiones reales que reflexionamos y con las que tuvimos dificultades mientras escribíamos; si estas secciones no te resultan relevantes, quizás sea mejor releerlas en lugar de tratarlas prematuramente como instrucciones.

Lo que llamamos "ladrillos" son creencias, valores, ideas sobre uno mismo y nociones limitantes sobre cómo comportarnos que nos inculcan nuestros padres, familiares, cuidadores, parejas y otros adultos o miembros de la comunidad que dejamos que nos influyan. Estos mensajes se suelen transmitir de generación en generación: creencias sobre lo que podemos y no podemos hacer, ser o pedir, aprendidas por nuestros bisabuelos, abuelos y padres, y después por nosotros. Algunos ejemplos de esos ladrillos podrían ser:

- Cuando deseamos actuar frente a un público, pero hemos recibido el mensaje de que nuestra necesidad de ser vistos es vanidosa o no es modesta, o que no somos lo suficientemente buenos para triunfar.
- Cuando tenemos necesidades emocionales insatisfechas, como la necesidad de ser reconfortados por seres queridos, la necesidad de ser escuchados o la necesidad de sentirnos comprendidos. Pero hemos recibido el mensaje de que esas necesidades "no son reales" o son egoístas e ingratas.
- Cuando expresamos el deseo de seguir una carrera que requeriría muchos años de estudio, pero hemos escuchado que nuestra educación llevaría mucho tiempo o costaría demasiado.
- Cuando por tomarnos un receso o un merecido descanso, somos llamados vagos.
- Cuando nuestra pareja sugiere que no somos buenos con ella o él porque su madre/padre/abuela hacía las cosas de manera diferente.
- Cuando soñamos con triunfar en los negocios, pero tuvimos dificultades académicas y, por lo tanto, de alguna manera hemos interiorizado que no somos "lo suficientemente inteligentes".

Todos cargamos con “ladrillos” de un tipo u otro, pero si analizamos nuestra vida y vemos que no somos la persona que queremos ser, podemos detenernos a pensar: ¿Qué obstáculos se interpusieron en nuestro camino? ¿Hemos buscado el consejo necesario para superarlos?

Si sentimos que nos falta algo, que la vida no nos parece real o que hay mucho más por delante, no deberíamos culpar a los demás; en cambio, deberíamos identificar dónde están esos ladrillos. ¿Qué ideas o creencias con las que crecimos nos impiden conocernos a nosotros mismos y saber qué queremos? ¿Qué nos impide actuar?

La capacidad de ver nuestros ladrillos sin juzgarlos, comprender por qué están ahí y estar abiertos a aprender a removerlos se llama autoconciencia, y es el paso más poderoso e impactante para convertirnos en quienes queremos ser y construir la vida que deseamos.

Aquí te dejamos algunas herramientas que usamos para identificar nuestros ladrillos y empezar a quitarlos, que también podrías usar:

- **Lee.** Hay muchos recursos excelentes disponibles para ayudarte a identificar creencias que ya no te sirven, como los libros enlistados en el Apéndice.

- **Habla con personas que admires** sobre sus creencias, teniendo en cuenta que también podrías adoptarlas.

- **Inspírate en personas reales que hayas conocido**, no en las redes sociales, porque eso no refleja la realidad.

- **Lleva un diario.** Al hacerlo, podemos escribir una visión para nuestras vidas (¡tan ambiciosa y fantástica como queramos!) y empezar a definir cómo podríamos darle vida a esa visión. Debemos ser específicos; por ejemplo, decir: "Quiero tener un promedio de 9", en lugar de "Quiero mejorar en la escuela".

- **Observa.** ¿Qué hacen las personas que nos rodean que nos gustaría hacer? ¿Cómo podemos aprender de esas acciones y mentalidades y hacerlas nuestras?

- **Recuerda: somos el reflejo de quienes elegimos rodearnos.** Si nuestros amigos se conforman con quedarse estancados en la vida, podrían estar reforzando nuestros ladrillos o creando otros nuevos.

- **Visualiza tu verdadero yo, quién podrías ser.** Crear una imagen mental nos ayuda a llegar a donde necesitamos ir.

- **Recuerda que quitar ladrillos es un proceso que dura toda la vida.** Nuestro objetivo es el progreso, no la perfección.

Nada de esto es simple ni fácil. Probablemente va a ser un gran reto y parte de un proceso que va a durar toda la vida, ya que una vez que removemos un ladrillo, sigue otro, y otro más. Pero el primer paso para quitar un ladrillo es reconocer que las creencias limitantes existen y se pueden cambiar. El simple hecho de reconocer este concepto es un primer paso importante.

Si me hubieras dicho hace 30 años que iba a tener una carrera como entrenadora personal, te hubiera mirado mal.

Al igual que para Garnet, mi madre era joven cuando nos tuvo a mi hermana y a mí. Mi hermana mayor, Cassie, nació cuando mi madre tenía veintiún años, y yo la seguí solo un año después. Vivíamos en un pequeño pueblo al sur de Londres, en una casa frente a la de la hermana de mi madre y su familia. Durante generaciones, habíamos sido una familia de clase trabajadora, de obreros. Se daba por sentado que, a los 16 años, tras graduarte en el equivalente británico a la secundaria, empezarías a trabajar. Esa expectativa estaba firmemente arraigada sobre mi hermana y yo.

Sin embargo, durante los primeros años de mi vida, a mi familia le fue bien y parecía que íbamos a poder superar nuestras raíces de bajos ingresos. Mi padre vendía autos de alta gama y ganó mucho dinero en poco tiempo. Fue un gran cambio para mis padres, que habían crecido en familias de clase humilde. Disfrutaron de la buena vida todo lo que pudieron; mi padre solía vestir trajes ostentosos y nos llevaba a mi hermana y a mí a la escuela en un Lamborghini solo por diversión.

Pero cuando yo tenía ocho años, mi padre rebalsó el proverbial vaso y eso causó un desastre catastrófico en nuestras vidas. Él y su socio comercial encargaron una cantidad inconmensurable de autos para vender al mismo tiempo en que una gran recesión económica azotó Inglaterra. Nadie estaba interesado en los artículos de lujo y, casi tan rápido como llegó, el dinero desapareció.

La tensión en la relación de mis padres era demasiado grande. Nos querían mucho a mi hermana y a mí, pero eran horriblemente abusivos el uno hacia el otro, tanto física como emocionalmente. Finalmente se separaron cuando yo tenía nueve años, pero los problemas no terminaron ahí.

Mi madre siempre fue muy ingeniosa y trabajadora (algo que creo que heredé de ella) y empezó a trabajar limpiando casas. Al hacerlo, me enseñó que el trabajo duro es una forma de autonomía y que ningún trabajo es indigno si te permite sobrevivir. Como madre soltera con estudios secundarios y dos hijas que criar, habría sido fácil, y normal, que solicitara la ayuda social, pero no lo hizo. Quería una vida que le proporcionara más de lo que le permitía la asistencia social, y estaba dispuesta a trabajar duro para conseguirlo. Nunca se avergonzó de lo que hacía para ganar dinero. De hecho, se aseguraba de mantener estándares altos en su trabajo y de ser fiable. Gracias a esta ética de trabajo, consiguió empleos bien remunerados de clientes que a menudo se convertían en buenos amigos. Su capacidad para dar ejemplo de ingenio, responsabilidad y ética de trabajo era fundamental para su autorespeto.

Mientras mi madre trabajaba tan duro como podía, mi padre estaba luchando. No podía permitirse pagar la pensión alimenticia que adeudaba y, en un intento por obligarlo a hacerlo, mi madre le impidió visitarnos.

Mi madre no era la única persona a la que mi padre no podía pagarle. Le debía dinero a proveedores y a otras personas a las que no podía devolverles. De cara ante la quiebra y la vergüenza de no poder ver a sus hijos, mi padre, que tenía doble nacionalidad canadiense, se fue a Columbia Británica.

Pasaron años antes de que lo volviera a ver.

Tras el divorcio de mis padres, rápidamente identifiqué y me labré un rol en la familia. Mi hermana tuvo una infancia extremadamente difícil (sospecho que padecía trastorno bipolar, pero en la década del '90 nadie sabía lo suficiente como para diagnosticarla correctamente) y, con mi madre tan preocupada por mantenerla a salvo y también de poner comida en la mesa, yo me convertí en la fuerte, la niña que no causaba problemas, que se cuidaba sola y se mantenía al margen.

Después de que mi padre se marchara de Inglaterra a Canadá, encarné ese papel aún más. Trabajaba, nunca me quejaba y sacaba excelentes notas.

Lo que nadie podía ver era cómo me estaba derrumbando por dentro. Para cuando cumplí los 14 años, había descubierto que la mejor manera de evitar causar problemas era desaparecer. Y, como tantas chicas de mi edad, sabía cómo hacerlo.

*No recuerdo haberle dicho nunca a nadie que estaba a dieta. Pero sí recuerdo haber aprendido la receta para perder peso en la revista **Just 17**. Mi familia no podía darse el lujo de comprarla a menudo, así que la devoraba en el pasillo de una tienda de conveniencia antes de clases, y fue así como recibí mi primera educación sobre la dieta "perfecta" de 1200 calorías. Por supuesto, los trastornos alimenticios van mucho más allá del peso; los campos de la medicina y la psiquiatría todavía no cuentan con una comprensión sólida de las causas etiológicas. Frecuentemente (incluido mi caso) hay antecedentes de abuso, trauma, personalidad y otros factores que causan disfunciones en el cerebro. La enfermedad mental que llamamos anorexia nerviosa (mi diagnóstico) es una forma compleja de afrontamiento que se proyecta en el cuerpo.*

Durante los dos años siguientes, mi comportamiento se volvió cada vez más grave. En el punto álgido de mi enfermedad, me levantaba temprano, antes que nadie, y corría durante 45 minutos. Desayunaba dos galletas de cereal de trigo integral junto con agua o leche descremada y una taza de té e intentaba no comer más de 800 calorías al día. Cabe recordar que la obsesión por seguir la rutina es parte de la enfermedad.

El número en la balanza bajaba cada vez más.

Al igual que mi hermana, no tenía manera de ser diagnosticada. La mayoría de los expertos creían en esa época que los trastornos alimenticios se originaban por alguna dieta de moda que había salido mal o, en el peor de los casos, guiados por una necesidad de control. Estas suposiciones simplistas e incorrectas sólo causaron que más chicas como yo sufrieran y, en algunos casos, murieran.

Mi familia únicamente sabía cómo avergonzarme para conseguir que obedeciera, y sus intentos de hacerlo con el fin de que comiera me resultaban incomprensibles. Tenía la sensación de que no querían tratar de comprender lo que me pasaba, sino que solo querían ponerle fin. Su método consistía en guardar silencio al respecto, lo que, aunque no era su intención, solamente me hacía sentir rechazada e ignorada en un momento en el que necesitaba ayuda. Pero nada se comparaba con la sensación de hacerme cada vez más pequeña, de consumir cada vez menos, de ocupar el menor espacio posible, de existir únicamente en mi pequeño mundo.

Aun así, mi madre me llevó una vez a un terapeuta, y fue ahí donde destapé un recuerdo que había enterrado hacía mucho tiempo: el de mi tío abusando sexualmente de mí. El recuerdo era muy claro, y se lo conté a mi madre. En respuesta, ella me recordó lo fuerte que yo era y lo fuerte que era ella. Su hermana y su cuñado no eran tan fuertes, dijo. No serían capaces de manejarlo. Nosotras sí. Y por eso, teníamos que guardarlo para nosotras.

Su petición implícita (que guardara silencio al respecto, al menos en lo que respecta a contárselo al resto de mi familia) me consumía. Se volvió intolerable guardar un secreto tan grande e intentar aparentar que todo estaba "bien" por fuera. Necesitaba liberarme de esa exigencia imposible. Todo lo que necesitaba era una pequeña chispa de vivacidad, un momento en el que expresara el deseo de salvar mi propia vida.

Lo encontré una tarde en casa de mi tío.

En aquella época, las llamadas internacionales eran caras y solo las hacíamos desde la casa de mi tía. De alguna forma, terminé hablando por teléfono con mi padre; no puedo recordar si él me llamó a mí o yo a él. No habíamos hablado en meses, pero de repente, una gran inspiración surgió en mi interior.

El año anterior, le había preguntado si podía irme a vivir con él a Canadá. Él me respondió que lo consideraría si, y cuando, me graduara de la escuela. Lo había hecho, y me di cuenta de que era mi momento. No podía quedarme en Inglaterra, no podía terminar mis estudios y empezar a trabajar, como se esperaba, y ya no podía vivir más a una cruzada de calle de distancia de esos familiares.

Hablando con mi padre a través de una conexión difusa, le reiteré mi petición de irme a vivir con él. Mientras él lo deliberaba con su nueva esposa, esperé, mordiéndome las uñas y escuchando sus voces amortiguadas. Pronto volvió al teléfono Estaban de acuerdo en que estaría bien: podía irme de Inglaterra y mudarme a Canadá con ellos.

Mi prima estaba lo suficientemente cerca como para oírlo todo y empezó a oponerse. Tiempo después, descubriría lo devastada y resentida que estaba de que yo pudiera irme.

—¡No te puedes ir! —dijo—. ¡Somos tu familia!

Rápidamente mi madre también se sumó, y se sentía como si un coro de voces me gritara. Fue mi punto de quiebre.

Alejé el teléfono de mi cabeza y grité: —¡Tengo que irme! ¡Tengo que vivir mi vida! ¡Déjenme ir!

Fueron las palabras más sinceras que jamás haya pronunciado.

Era algo totalmente fuera de lo normal tratándose de mí, la niña que sabía en lo más profundo de su ser que su rol era interpretar a la chica buena. Quizás nunca llegue a comprender qué fue lo que me impulsó en ese momento, pero estaré eternamente agradecida, porque al final, eso me salvó la vida.

En cuestión de meses, estaba en un avión.

2. Los Buenos Hábitos Son la Base del Éxito

Los cuatro hábitos de referencialidad de Dan Sullivan:

Llega puntual.
Haz lo que dices.
Termina lo que empieces.
Di 'por favor' y 'gracias'.

Fecha: 12 de Noviembre de 2011
Hora: 5 a.m.
Sesión: 25

Después de nuestro primer mes trabajando juntos, Garnet y yo empezamos a agarrar un ritmo. Ya podía ver cómo aumentaban su resistencia y su fuerza, y sabía que confiaba en mi filosofía de entrenamiento. A mediados de noviembre, quise exigirle un poco más de lo habitual en nuestra carrera.

Parte de esto era el procedimiento estándar de entrenamiento: aumentar gradualmente la distancia y la velocidad.

Pero Garnet había planteado recientemente la idea de correr el año siguiente la Carrera de Relevo de 160 Kilómetros de Kananaskis, una carrera impresionante pero difícil que lleva a los participantes por la carretera pavimentada más alta de Canadá. Los participantes forman pequeños equipos y cada persona recorre dieciséis kilómetros. Las etapas varían mucho en cuanto a dificultad; algunas incluyen un rápido aumento de la elevación y otras son más montañosas que las demás.

Los dos queríamos hacernos una idea de qué tramo del relevo podría correr Garnet si decidíamos inscribirnos, así que mi plan para la sesión era ponerlo a prueba con el entorno. En nuestro recorrido había unas escaleras donde podíamos hacer ejercicios rápidos con los pies, así como colinas para trabajar la rotación y la fuerza.

El tiempo era perfecto para correr. La temperatura rondaba los 20 °C y el sol llevaba casi una hora brillando cuando llegué. Mientras calentábamos en el vestíbulo, le pregunté a Garnet cómo se sentía. Como viajaba mucho y solía dormir cinco horas o menos, me gustaba darle la oportunidad de decirme si debía contenerme a la hora de exigirle.

—¿Cómo estás de energía esta mañana? —le pregunté.

—Estoy muy bien, Olivia —respondió—. ¿Y tú?

—Yo también estoy bien, Garnet —dije riéndome—. Vayamos saliendo.

Dado que un elemento importante para desarrollar una buena técnica al correr es realizar un calentamiento deliberado y prolongado, comenzamos con un trote lento. Era una práctica que ayudaba a obtener beneficios a largo plazo, aunque podía resultar repetitiva e incluso tediosa. También podía hacer que las personas se sintieran cansadas antes incluso de empezar el entrenamiento y frustradas por hacer algo que no les daba la misma satisfacción que correr más lejos o más rápido de lo habitual.

Por esas razones, no me sorprendió para nada que Garnet hubiera empezado a mostrar su exasperación.

—¿No estamos entrenando para una carrera? —dijo.

—Sabes que te puedes lesionar si no calientas correctamente —le dije—. Necesitas adquirir el hábito de bajar la velocidad y hacer ésto bien si pretendes mejorar tu salud con el tiempo.

Resopló un poco y luego se calló. Continuamos bajando hacia el río y por un sendero cubierto de hierba. Después de cinco minutos más, lo detuve junto a un claro.

—Muy bien —le dije—. Zancadas laterales y luego zancadas frontales. Vamos.

—¿Esto es para aumentar mi flexibilidad? Porque ya sabes que soy muy rígido. No va a funcionar nunca —dijo.

—No. Esto prepara tus articulaciones y tu sistema neuromuscular para correr, para que no te rompas en pedazos como podría pasarle a alguien realmente rígido.

En el entrenamiento físico, este tipo de ejercicios se denominan ejercicios dinámicos y, al igual que los calentamientos lentos, nunca han sido los favoritos de los clientes. Aun así, sentía curiosidad por la resistencia de Garnet. Sabía lo mucho que había trabajado en su proceso de mejora de la salud, perdiendo casi 45 kilos y cambiando por completo sus hábitos alimenticios. En los negocios, había aplicado una mentalidad similar, levantando desde el suelo una organización multimillonaria. Para lograr todo eso, había tenido que abandonar algunos malos hábitos y desarrollar otros nuevos. Nuestro trabajo juntos era sólo otra forma de crear buenos hábitos. Me preguntaba si podía convencerlo de que conectara los puntos.

—Garnet —le dije—, ¿cuáles son los hábitos que te ayudaron a dar un giro y hacer crecer tu negocio? ¿Cómo te mantienes en el buen camino cuando hay cosas que no *quieres* pero que *debes* hacer?

—Bueno, creo que estás insinuando que una persona no puede tener éxito sin buenos hábitos, y tienes razón en eso —me dijo.

Esperé a que agregara algo más, pero se quedó en silencio.

Le insistí: —¿Cómo ha sido ese camino para ti hasta ahora?

—Para mí, lo primero que tuve que hacer fue romper con mis malos hábitos —respondió—. El primero era fumar. Fumaba dos paquetes de cigarrillos al día y estaba desarrollando todo tipo de precursores de enfermedades terribles, y decidí que ya no quería eso.

Hizo una pausa para respirar profundamente y beber un poco de agua.

—¿Te he contado alguna vez el momento en el que finalmente decidí buscar ayuda? —preguntó.

—No —respondí.

—No fue nada del otro mundo. No fue como Moisés en el desierto con la zarza ardiente. Pasó en el aeropuerto de Toronto. Tuve que correr de un extremo al otro del aeropuerto, arrastrando mi valija atrás mío, y para cuando llegué a la puerta de embarque, estaba cubierto de sudor y completamente sin aliento. Fue humillante. Estaba disgustado conmigo mismo. Pesaba más de 136 kilos y finalmente me harté. Empezaba a tener miedo de lo que podía pasarme si no hacía algo.

Me sorprendió esa imagen. El Garnet que yo conocía era una persona pulcra y puntual, con buenos hábitos alimenticios y comprometida con su salud. Me costaba imaginarlo de otra manera. Mi curiosidad era aún mayor que al principio. Esperaba que me dijera que había empezado a comer más verduras o a hacer más ejercicio, pero lo que describía sonaba más como un cambio radical en su estilo de vida. Ese tipo de cambio es poco frecuente. Nadie sabe realmente qué factores psicológicos intervienen cuando los seres humanos logran cambiar exitosamente su forma de vida, y la mayoría de nosotros batallamos mucho para conseguirlo. Había visto a muchos clientes muy exitosos y motivados fracasar una y otra vez en su intento de modificar patrones de comportamiento profundamente arraigados, sin importar lo mucho que desearan cambiar. Me pregunté si Garnet podría explicar su proceso.

—¿Cómo lo hiciste? —le pregunté mientras empezaba a hacer elevaciones de rodillas, indicándole con gestos que me imitara.

—Primero, tuve que ponerme brutalmente honesto conmigo mismo. Tuve que parar con todo el autosabotaje, la disociación, la negación y el evitar las cosas de mi vida que me estaban frenando. Fue uno de los ejercicios más dolorosos que he hecho nunca.

—Me lo imagino —dije—. Creo que ese primer paso es la parte más difícil.

—Después, fui al médico. La doctora me dijo: "Garnet, yo te puedo decir lo que debes hacer, pero no esperes que sea tu madre". Esa sola oración fue transformadora. Era lo que necesitaba oír en el momento en que necesitaba oírlo. Me di cuenta de que nadie iba a hacer esto por mí.

—Tenías que asumir la responsabilidad.

—Sí. Fue humillante oírlo, pero me impulsó a dar el siguiente paso, que fue acudir a un psicólogo deportivo. Ahí fue donde realmente empecé a examinar mi comportamiento autodestructivo. También me uní a Strategic Coach, que es un programa de formación en liderazgo, y ellos no paraban de mencionar los *hábitos*. Parecía que todo el mundo a mi alrededor hablaba de hábitos. Lo que dijeron en Strategic Coach, y lo que realmente se me quedó grabado, fue que no se puede dejar un mal hábito, sólo se puede sustituir por uno mejor. Así, por ejemplo, cuando dejé de fumar, tuve que cambiar completamente mi rutina matutina. Solía levantarme por la mañana, fumar un cigarrillo. Tomar un café, fumar otro cigarrillo. Luego del desayuno, otro cigarrillo. Me duchaba, otro cigarrillo. Y así sucesivamente. Tenía que hacer algo diferente en cada uno de esos momentos.

—¿Qué hiciste? —le pregunté.

—Dejé el café. Iba directamente a la ducha.

—¿Dejaste el café y los cigarrillos al mismo tiempo?

—No, dejé de tomar café en *ese* momento. Cambié mi rutina para ducharme primero y luego desayunar. Cuando iba al trabajo, tomaba un camino diferente, porque si tomaba el mismo camino, relacionaba cada vista familiar con los cigarrillos que fumaba en el auto. Me llevó un tiempo eliminar el hábito de fumar en momentos concretos. Uno de los trucos que aprendí es dar pasos muy pequeños cada día. Los fui anotando y empecé a ver cómo se iban acumulando con el tiempo. Antes de darme cuenta, había hecho estos grandes cambios en mi vida.

—Eso es un enfoque de la terapia conductual —dije—. Cambias el comportamiento, cambias la realidad.

—Bueno, tú entiendes de las razones psicológicas. Todo lo que sé yo es que, en un año, era una persona diferente, con hábitos completamente distintos.

Empezamos a correr, con las hojas cayendo a nuestro alrededor. Como siempre, el crujir de las hojas me transportó a mi infancia, cuando me encantaba pisarlas mientras iba al colegio.

—¿Y tú, Olivia? —dijo Garnet—. ¿Cómo incorporaste grandes cambios en tu vida?

Su pregunta me sacó de mi ensimismamiento. A menudo hacía preguntas a mis clientes sobre sus vidas, pero era poco habitual que ellos me devolvieran la pregunta.

Pero, tan pronto como lo pensé, me di cuenta de que no tenía una buena respuesta. Garnet fue capaz de describir las formas en que había dado un giro a su vida, pero yo no podía. Cuando me matriculé en la universidad, apenas entendía el sistema educativo canadiense; solo sabía que tenía que seguir estudiando para llegar a donde quería en la vida. Acabé dedicándome al entrenamiento personal porque me resultaba natural y pude crear una clientela. Después, trabajé el doble de duro para hacer crecer mi negocio. Pero cuando Garnet me preguntó *cómo* había logrado esos grandes cambios, qué había detrás de todo ello, me di cuenta de que lo que había hecho era pisar el acelerador de mi vida cuando era adolescente y nunca había sacado el pié de él nuevamente.

De hecho, seguía presionando el acelerador. Garnet se dio cuenta de mi vacilación.

—¿Qué te parece esto? —dijo—. ¿Cuáles son algunos de los buenos hábitos que has implementado en tu vida?

Suspiré aliviada por no tener que pensar en una respuesta a su primera pregunta, aunque me hice una nota mental para pensar sobre eso más tarde.

—Creo que la mayoría de mis buenos hábitos se centran en sentirme lo mejor posible —contesté—. Quiero mostrarme entusiasta y optimista ante los demás, así que hago cosas apoyándome en esa noción. Eso incluye muchos comportamientos. Protejo mis horas de descanso acostándome a una hora regular. Leo todos los días. Practico técnicas de relajación.

—Todo eso es importante.

—Sí, lo es. ¿Y sabes qué es lo curioso? La mayoría de la gente cree que me encanta hacer ejercicio y que me resulta fácil, pero eso no es lo que me motiva a mantenerme físicamente activa. Me gusta cómo el ejercicio me hace *sentir*, así que he adquirido el hábito de levantarme a las 5 de la mañana para hacerlo.

—Eso es maravilloso —dijo Garnet—. ¿Y sabes qué? Esa es la misma razón por la que siempre estoy listo para salir cuando llegas. Es solo un hábito que he adquirido. Hay otras cosas que me hubiera gustado saber cuando estaba haciendo algunos de esos grandes cambios en mi vida, como cómo rodearme de gente amable y comprensiva o que la incomodidad es parte del cambio. Lo superé con mucho esfuerzo, pero, en retrospectiva, haría algunas cosas de manera diferente

---

Terminamos nuestra carrera y fuimos al gimnasio en el edificio de Garnet para enfriarnos con unos estiramientos. Mientras lo animaba a seguir, también intenté que me contara más sobre sus técnicas para crear hábitos.

—Antes mencionaste que reemplazaste los viejos hábitos por otros nuevos —le dije—. Tengo mucha curiosidad por saber cómo lo conseguiste.

—Es sencillo —respondió—. Escribes todos tus malos hábitos en una hoja de papel e ideas algo con lo que sustituir cada uno. Después decides cuáles vas a abordar primero. No se puede cambiar todo todo de golpe, así que decides en cuál vas a trabajar primero, segundo y tercero, y haces un seguimiento de tu progreso. Es importante que los pasos sean muy pequeños, ya que tenemos una tendencia a sobreestimar enormemente nuestra capacidad de cambio. Y tenemos que celebrar las pequeñas cosas, porque si haces algo pequeño y lo mantienes durante al menos diez días, creará energía e impulso en una dirección concreta. Entonces, el siguiente pequeño cambio se te hará más fácil.

El proceso de Garnet me recordó algo que había aprendido en la universidad y que solía surgir a menudo con mis clientes: las excusas y todas las formas en que nuestra mente las fabrica.

—Cuando intento cambiar un hábito, trato de recordar que mi cerebro *quiere* aferrarse a mis viejos hábitos —dije—. Le da miedo el cambio, por lo que se inventa excusas que parecen falsamente plausibles, como 'Tengo que preparar la cena pronto, no tengo tiempo para dar un paseo' o 'Sería descortés por mi parte rechazar ese pastel'. Mi regla para mis clientes es que nueve de cada diez veces hay que hacer lo nuevo independientemente de lo que digan esas excusas. Por supuesto, eso no funcionará si hablamos de adicciones u otros problemas que requieren ayuda profesional. Pero cuando se trata de cambios cotidianos, tenemos que ser más inteligentes que nuestra propia mente.

Cosas Para Pensar Sobre

Los Pasos Para Crear Buenos Hábitos

Cuando no tenemos buenos hábitos, nos cuesta mucho avanzar en la vida. Son requisitos básicos para cambiar nuestra realidad, pero la buena noticia es que los hábitos no son cualidades con las que algunas personas nacen y otras no. Son una serie de acciones y comportamientos repetidos que cualquiera puede desarrollar.

Los hábitos provienen de hacer cosas que son simples, pero que pueden no ser fáciles. Por ejemplo, levantarse a las 5 de la mañana para hacer ejercicio es difícil, pero no complicado. ¿Por qué es difícil? Porque estamos cansados y nuestra mente inventa excusas para quedarnos en la cama. Nuestra única tarea es agradecer a nuestra mente por su aportación y decirle que de todos modos nos vamos a levantar.

Afortunadamente, hay pasos que podemos seguir para desarrollar buenos hábitos y cambiar los malos.

Convirtiendo Malos Hábitos en Buenos Hábitos

Recordando que todo buen hábito es simplemente la transformación de un mal hábito, podemos seguir un sistema para iniciar esa transformación:

1. Identificar los malos hábitos que queremos cambiar.

   - Los malos hábitos son costumbres que queremos dejar, como pasar demasiado tiempo en redes sociales, consumir drogas o alcohol en las fiestas, o creer en el mito de que ser duros nos hace fuertes, e intentar hacerlo todo nosotros mismos. Para cualquiera que lea esto y piense *Sí, puedo hacerlo solo*, no puedes, nadie puede. Las personas exitosas se apoyan en otros para que los ayuden.

2. Identificar qué malos hábitos nos causan más dolor. Ahí es donde debemos empezar.

3. Identificar buenos hábitos que puedan reemplazar los hábitos identificados en el Paso 2. Algunos ejemplos:

   - Las redes sociales nos quitan el sueño, provocando que rindamos menos, estemos exhaustos al día siguiente y nos sintamos deprimidos. En lugar de tener nuestros teléfonos junto a la cama, podemos ponerlos en otra habitación o pedirle a un familiar que los mantenga fuera de nuestra vista.

- Depender demasiado del alcohol para superar situaciones estresantes (o interacciones sociales). Podemos empezar a decirle a la gente alrededor nuestro que nos estamos tomando un descanso de tomar tanto alcohol, y efectivamente hacerlo.
- Sentirse estancado en nuestra actividad o clase favorita. En lugar de dar vueltas solos, podemos pedir ayuda, ya sea a nuestros padres, a un entrenador o a un profesor.

4. Podemos enumerar los pequeños pasos que vamos a dar para alcanzar nuestra nueva meta y cuándo vamos a dar cada uno.

5. Nos preparamos para el éxito al tomar estas medidas:

    - Asegurarnos de tener todo lo necesario para realizar estos cambios graduales. ¿Hemos identificado un lugar donde dejar nuestros teléfonos por la noche? ¿Hemos decidido a quién pediremos ayuda?
    - Planificar lo inesperado. Si planeamos no beber en la fiesta del viernes a la noche, ¿qué vamos a decir si alguien nos presiona?

6. Podemos seguir nuestro progreso en un cuaderno, una aplicación, una pizarra; cualquiera que nos resulte más cómodo y nos motive. Nuestro objetivo es el progreso, no la perfección.

Es fácil desanimarse por el tiempo que lleva cambiar un hábito, ya que gran parte del trabajo es gradual: un pequeño paso a la vez. Pero como seres humanos, solo somos capaces de hacer pequeños cambios, uno a la vez, si queremos que duren. Aprender e implementar buenos hábitos es un proceso que dura toda la vida, así que ninguno de nosotros puede lograrlo de la noche a la mañana. Aun así, esa transformación es algo que está más que a nuestro alcance, sin importar quiénes seamos.

Nací en Bracken, Saskatchewan, un pueblo agrícola cerca de la frontera con Montana que tenía menos de 50 habitantes. La familia de mi madre se dedicaba a la cría de ovejas, y mi madre tenía solo 18 años cuando se casó con mi padre y me tuvo. Habiendo crecido en un entorno en el que la capacidad física era necesaria para sobrevivir, se sintió aterrada y confundida cuando nací enfermizo y sin interés por comer.

Desde muy temprano, mostré signos de dificultades respiratorias, que se transformarían en asma severo. Aún no existían los inhaladores, por lo que a los niños que sufrían ataques de asma se los ponía en tiendas de oxígeno para que se recuperaran, y yo no fui una excepción. Con el tiempo, me fui aislando de los demás niños. Si intentaba correr, me quedaba sin aliento, y mi vida en casa empeoraba a medida que aumentaba la frustración y la desesperación de mi madre.

Sin herramientas, ni físicas ni psicológicas, para lidiar con su hijo enfermo, el miedo de mi madre se convirtió rápidamente en ira. Empezó a llamarme vago y a ignorarme cuando me daba un ataque de asma. A veces, simplemente me encerraba en mi habitación y me dejaba solo, jadeando en busca de aire.

oco a poco, llegaron mis otros cuatro hermanos y, con cinco hijos, la capacidad de mi madre para ocuparse de mí se redujo a nada. Nos atacaba verbalmente a todos los niños a la menor provocación. Luego vino la violencia física, dirigida a cualquiera que se cruzara en su camino.

Todos los domingos, mi familia cenaba junta, y era un evento que yo llegué a temer. Contrato a ser un momento para que con mis padres y hermanos nos reuniéramos y habláramos de nuestra semana, pasáramos tiempo juntos y nos riéramos, se convirtió en un momento para que mi madre expresara su ira y su decepción.

Una noche, volcó su ira hacia mi padre, como solía hacer de vez en cuando. Él pasaba demasiado tiempo en la iglesia, no ganaba suficiente dinero, no nos disciplinaba lo suficiente. Mi padre, un hombre tranquilo por naturaleza, esperó a que ella tomara aliento.

—Elaine —le dijo—, no tenemos por qué hacer esto delante de los niños. Podemos hablarlo más tarde.

Ella lo ignoró y acabó irritándose tanto que le lanzó algo.

Por muy molesto que fuera, también fue un momento que nunca olvidaré. Mi padre nos había mostrado a mis hermanos y a mí que la ira y la violencia no tenían por qué ser la respuesta. Una persona podía mantener la calma e intentar controlar la situación, funcionara o no.

Pero en el día de campo, las cosas se agravaron hasta el punto del no retorno.

Estaba con mi familia en una jornada deportiva cuando empecé a jadear. Tenía cinco años y sabía lo que se avecinaba: un ataque de asma. También sabía que no quería decírselo a mis padres. Estaban en medio de un partido de béisbol y mi madre no toleraba que mostrara lo que ella llamaba "debilidad". Sin embargo, a medida que mi respiración se volvía cada vez más superficial, pronto estaba ya jadeando en busca de aire. Consideré mis opciones: seguir así, y quién sabe qué podía pasarme, o contárselo a mis padres y arriesgarme a la ira de mi madre. Por instinto de supervivencia, finalmente elegí lo segundo.

Me acerqué hacia mis padres con mi cara volviéndose cada vez más azul y mi madre me llevó al auto y me dejó en el asiento trasero, pero en lugar de entrar, me encerró ahí, solo. Cuando la puerta se cerró, tomó la mano de mi padre.

La oí decir: —Vayamos a jugar a otro partido.

Acostado en el suelo del auto cerrado y caluroso, jadeando por algo de aire, estaba seguro de que iba a morir.

Después del partido, mis padres finalmente me llevaron al hospital. Presos del pánico, los médicos me pusieron una inyección de adrenalina para que pudiera respirar con normalidad. Poco después, me llevaron a otra habitación, donde vomité por los efectos de la medicación, mientras mis padres se habían ido a la casa sin mí.

Esa fue la última vez que acudí a mi madre en busca de ayuda. De hecho, en ese momento decidí que jamás iba a volver a depender de nadie más.

Durante los siguientes años, entraba y salía del hospital con frecuencia. Mis dificultades respiratorias requerían cuidados rutinarios, y tenía que permanecer ahí regularmente durante unos cuantos días o una semana. Podría haber sido aburrido y solitario, pero encontré amabilidad y esperanza en algunos de los cuidadores del hospital, sobre todo en las enfermeras.

Con el paso de los días, las enfermeras comenzaron a enseñarme cosas: cómo tender la cama perfectamente, cómo meter las esquinas de las sábanas con pliegues perfectos. Algunas me traían libros, como Los Hardy Boys *y* Las aventuras de Tom Sawyer. *Mis padres también se sumaban a veces y me traían otras historias para leer, y fue a través de todos esos mundos ficticios que aprendí por primera vez que era posible llevar otro tipo de vida.*

Aunque había decidido dejar de abrirme a la gente, seguía reconociendo y sintiendo una profunda gratitud por la compasión de las enfermeras. Eso me iba a acompañar durante el resto de mi vida.

Cuando cumplí 13 años, me mudé a una nueva ciudad con mi familia. Aunque seguía padeciendo asma, había encontrado nuevas formas de lidiar con la soledad. Seguí leyendo vorazmente y empecé a salir con una balsa al estanque local, donde pasaba horas imaginando que era Tom Sawyer en el río Misisipi.

En casa, las cosas seguían tan mal como siempre, pero ahora tenía la opción de irme. Eso sí, seguíamos sin tener dinero; mis padres trabajaban, pero no ganaban mucho. Mi padre era agente ferroviario y luego trabajó para la cooperativa de crédito, y mi madre se convirtió en peluquera cuando yo tenía 10 años.

Pronto, comencé a pasar tiempo en una tienda local regentada por un amigo de mi padre. Al principio, era un bienvenido respiro del acoso que sufría por parte de los demás niños, y me alegraba pasar las tardes ahí en lugar de en mi casa o en la ciudad. Pero después de un tiempo, el amigo de mi padre empezó a comportarse de una manera que se me hacía demasiado personal. Sin nadie a quien acudir, lo acepté como tal vez algo normal; al fin y al cabo, se trataba de un empresario muy respetado y amigo de la familia.

El abuso que siguió ocurrió a los pocos meses, aunque no se lo conté a nadie. Interioricé las acciones de ese hombre, sintiendo una profunda vergüenza y bochorno. Empecé a cuestionarme todo: sobre mí mismo y sobre en quién, si es que había alguien, podía confiar. Apenas había empezado a ver una salida cuando algo volvía a arrastrarme hacia abajo.

Después de mudarme de la casa de mis padres a los 17 años, encontré trabajo inmediatamente en el Banco Imperial Canadiense de Comercio. Para entonces, mi asma había desaparecido y tenía una idea clara de cómo quería que fuera mi vida: muy diferente a cómo había crecido. Descubrí que se me daban bien los números y ascendí rápidamente. Pero todavía había algo dentro de mí que sabía que quería tener mi propio negocio. Me carcomía, sin importar lo alto que llegara o qué puesto me prometieran con el paso de los años.

En Bracken, Saskatchewan, la persona más rica de la cuidad era un hombre que tenía un hotel. Así que, sin pensarlo mucho más, decidí que eso era lo que iba a hacer. Cuando tenía 20, un amigo mío y yo ideamos un plan para conseguir un préstamo de $30.000 dólares. Con ese dinero, compramos nuestro primer hotel y, en pocos meses, compré la parte de mi amigo.

Después de dos años, vendí ese primer hotel y me metí en el negocio inmobiliario, comprando otro hotel y luego otro más. Finalmente, pensé, las cosas empezaban a mejorar

.

3. Los Sueños Dejan Volar Nuestra Imaginación

"La brisa del amanecer tiene secretos que contarte. No te vuelvas a dormir. Debes pedir lo que realmente quieres".

—Rumi

Fecha: 2 de Diciembre de 2011
Hora: 6 a.m.
Sesión: 37

El parque se estaba llenando cuando llegué. Los niños estaban en el sector de juegos infantiles, los madrugadores se preparaban para hacer ejercicio y las parejas admiraban los carámbanos que colgaban de los árboles.

Era sábado por la mañana y yo estaba ahí para acompañar a Garnet en su carrera semanal. Pero esta vez no estábamos solos. Todos los fines de semana, Garnet se reunía con un grupo de amigos para hacer ejercicio. Corrían juntos por la orilla del río, poniéndose al día mientras lo hacían. La mayoría tenía hijos que aún vivían en casa, por lo que era un momento de sus vidas en el que tenían que compaginar la vida social con otras actividades productivas. Algunos de esos amigos llevaban años corriendo con Garnet y se habían convertido en su círculo más íntimo. Sabía que el hecho de que me invitara a estas carreras era una señal, a su manera, de que empezaba a considerarme su amiga. Eso significaba tanto para mí que ni se me habría ocurrido no ir.

Ese fin de semana, todo el grupo estaba presente: Heather, la enfermera; Moira, la empresaria; y Lori, la artista, que siempre hacía de mediadora cuando había desacuerdos. Al acercarme, también vi a Cora corriendo detrás de su querido labrador. Era incontrolable y salvaje, y en ese momento en concreto, Cora iba por detrás recogiendo lo que él dejaba.

En general, era una imagen acogedora.

—¡Buenos días! —los saludé. Me respondieron con un coro de saludos mientras comenzábamos a correr por una zona pintoresca del sendero Meewasin Valley Trail, que serpentea por la ciudad y sube y baja por el lecho del río. Algunas partes están pobladas por densos abetos blancos y cornejos, lo que lo convierte en un refugio escondido.

No se me escapó el hecho de que la mayoría de las amistades de Garnet eran mujeres. Había trabajado duro para mantener estas amistades, incluso cuando le causaban problemas en su anterior matrimonio. Me di cuenta de que la lealtad era muy importante para él; esto se reflejaba no sólo en sus amistades duraderas, sino también en su cumplimiento al asistir a nuestras sesiones cuando decía que iba a hacerlo.

También atribuí su preferencia por las amigas mujeres a su necesidad de conexión emocional. A medida que nos fuimos conociendo, comprendí que parte de esta necesidad provenía de sus experiencias en la infancia, que yo había reconstruido a partir de los pedazos de información que Garnet soltaba cada tanto. No le gustaba hablar mucho de su pasado y, en particular, le disgustaba cualquier insinuación de que lo había tenido más difícil que los demás. Pero lo que sí comentaba era cómo había superado el sistema de creencias de su familia.

Desde nuestra conversación sobre los hábitos, sentí aún más curiosidad por saber cómo había superado la disfunción y el abuso que había sufrido a manos de su familia de origen. Su capacidad para articular los pasos que había dado para crear nuevos hábitos era tan notable que me preguntaba si podría hacer lo mismo con este tema.

Últimamente había estado pensando en cómo superar obstáculos, porque empezaba a sentir que me había encontrado con una pared tanto en lo personal como en lo profesional. Mi negocio de entrenamiento personal tenía éxito, pero se estaba estancando y ya no me resultaba tan satisfactorio como antes. Estaba inquieta por saber qué vendría después, pero por primera vez en mi vida me costaba imaginar qué podía ser. Sospechaba que esto podía ser un ladrillo (una de esas creencias limitantes heredadas sobre lo que podía lograr en la vida) pero no estaba segura de cómo removerlo.

Había estado corriendo más adelante con Moira, pero reduje la velocidad hasta ponerme al ritmo de Garnet.

—Garnet —le dije—, tengo una pregunta para ti.

—Dispara —me respondió.

—Estoy tratando de averiguar cómo llevar mi negocio al siguiente nivel, pero cada vez que intento visualizar qué sigue, no se me ocurre nada. ¿Cómo consigues imaginar cómo quieres que sea tu vida cuando te sientes estancado? ¿Es algo deliberado o el cambio simplemente ocurre de forma orgánica?

—Fue deliberado, y sé exactamente cómo se hace —me dijo—. Soñando.

Esto no era lo que esperaba.

—¿Como los sueños nocturnos? —pregunté.

—No, soñar despiertos.

—Expláyate.

—Bueno, cuando era niño, solía leer los libros de Los Hardy Boys. Las enfermeras del hospital... Nunca olvidaré su amabilidad. Siempre se aseguraban de que tuviera libros para leer, y ahí fue donde vi una imagen de cómo podía ser la vida: una familia cariñosa, suficiente dinero para tener las cosas que necesitas y algunas de las cosas que quieras. Solía soñar, muy claramente, con tener esas cosas yo también, y eso era lo que me mantenía en marcha. De niño, tenía un sueño muy concreto: soñaba con tener $100.000 dólares y una piscina en la que pudieran venir a nadar mis amigos. En otras palabras, quería ser rico. Al venir de una familia muy pobre, eso estaba fuera de todo lo que había experimentado hasta entonces. Ahora sé que estaba manifestando un resultado en mi mente.

Me sorprendió. Sin darse cuenta, Garnet estaba hablando de una técnica conocida en psicología deportiva como visualización. La práctica consiste en imaginar un resultado futuro con detalles específicos utilizando los cinco sentidos: la vista, el olfato, el gusto, el tacto y el oído. El cerebro no distingue entre realizar una acción e imaginarla, y es una herramienta poderosa para crear caminos hacia el éxito. Es algo que utilizo con atletas de élite.

—Los sueños desencadenan metas —continuó Garnet—. Nos dan una imagen de un futuro distinto y nos proporcionan la energía para avanzar hacia él.

—Pero, ¿cómo mantuviste esos sueños? ¿Cómo evitaste que se desvanecieran?

—Los sueños comienzan como deseos ardientes, y esos son dones divinos. Nadie sabe cómo ni por qué se nos conceden estos dones, pero si los cultivamos, se hacen realidad. También se convertirán en una fuerza motriz y una brújula en tu vida.

Le había hecho la pregunta sobre cómo romper mis barreras mentales asumiendo que Garnet me ofrecería algo del estilo "cinco hábitos para triunfar en los negocios" o algún otro consejo típico de un director ejecutivo. Al principio, la idea de solamente soñar me parecía demasiado efímera, casi una pérdida de tiempo.

Soñar despierto es precisamente lo que les decimos a los niños que *no* hagan en la escuela. Pero mientras corríamos, la idea comenzó a arraigarse, en parte porque, tan pronto como mencionó el "deseo ardiente", me di cuenta de que ya estaba aplicando esta idea en otra área de mi vida.

Garnet lo desconocía en ese momento, pero mi deseo ardiente siempre había sido tener caballos. Desde muy joven, había querido estar cerca de ellos tanto como fuera posible. No era un deseo que pudiera remontar a nada; tal y como dijo Garnet, era como si el deseo hubiera sido puesto en mí por la gracia del universo. Cuando tenía 11 años, la propietaria de un establo local me dejaba ir todos los días después de la escuela a cuidar a los animales a cambio de clases de equitación. Era lo más feliz que había sido nunca; todavía recuerdo la euforia que sentía en el pecho cuando abría las puertas y olía el heno, escuchaba relinchar a los caballos y veía a los otros jinetes en el campo.

Durante la mayor parte de mi vida adulta, no tuve suficiente dinero para alquilar un caballo, y mucho menos para comprarlo. Tampoco tenía tiempo para cuidarlo. Pero recientemente, me permití volver a sentir esa pasión.

No estaba segura de qué me había impulsado a eso; tal vez fuera la insatisfacción con mi empleo o el deseo de ampliar mi vida más allá de la familia y el trabajo. Pero tan pronto como permití que ese pensamiento entrara en mi mente, tan pronto como dejé de juzgarlo y permití que el deseo existiera en mi cerebro y mi cuerpo sin cuestionarlo, fue como abrir la caja de Pandora. Ese deseo ardiente se reavivó y mantuve esa imagen nítidamente en mi cabeza, de forma vívida, utilizando todos los sentidos, para mantenerme centrada en el objetivo de incorporar los caballos a mi vida de cualquier forma posible. Una vez más, podía oler el heno del establo; ver los pelajes marrones, blancos y negros de los animales; sentir sus crines sedosas.

Me sorprendió darme cuenta de que también había estado utilizando esta técnica de visualización, que había estudiado y utilizado con atletas de élite, sin nombrar conscientemente lo que estaba haciendo. Si podía utilizarla para traer mi pasión de nuevo a mi vida, ¿por qué no podía utilizarla para imaginar los próximos pasos de mi negocio?

—No puedo creer que aún no lo haya descifrado yo misma —le dije a Garnet—. Creo firmemente en la visualización. Simplemente no se me había ocurrido usarla de esta manera en particular.

—Bueno, a veces necesitamos escuchar las cosas de otras personas para que encajen en su sitio —dijo él.

—Cuando enseño visualización, les digo a mis clientes que una de las claves es la repetición: hacerlo una y otra vez —le dije—. Eso hace que sea más fácil volver a eso. Es una herramienta muy poderosa.

—Es uno de los elementos más fundamentales de cómo superé los sistemas de creencias de mi familia —comentó él—. A medida que fui creciendo, otra cosa que he aprendido es que las personas que no sueñan, o que no permiten que sus sueños florezcan, se vuelven amargadas y resentidas más adelante en la vida.

—Yo también lo he visto —comenté—. Decidir no seguir adelante con un sueño es decidir permitir que algo muera. Creo que eso provoca enfermedades físicas, psicológicas y espirituales, porque estás reprimiendo algo que estaba divinamente destinado a expresarse a través de ti. Hay que seguir alimentando y nutriendo un sueño.

—Así es. Otro error que he visto es que la gente deja que su realidad actual influya en sus sueños —agregó Garnet—. Se dicen a sí mismos que no pueden hacer, ser o tener algo sólo porque no lo ven en su vida cotidiana. Pero ese es precisamente el punto: los sueños están destinados a expandir tu entorno actual. De hecho, yo *todavía* sigo soñando.

—¿Con qué sueñas ahora?

—Voy a ser multimillonario.

—¿Por qué?

—Bueno, así voy a poder ayudar a más gente y marcar una mayor diferencia en la sociedad.

—¿Ayudar a la gente cómo?

—Ahora ya hago mucho por ayudar a la gente con problemas de salud y problemas empresariales. Podría ayudar aún a más personas y resolver problemas más grandes.

—Es sorprendente oír a alguien decir eso en voz alta.

—Te lo cuento porque decirlo en voz alta es parte de convertirlo en realidad y hacerme responsable de so. ¿Lo quieres intentar?

—Bueno... —empecé. Pensé en mi antiguo granero y en lo mucho que deseaba volver a ese lugar—. Puede que te sorprenda, pero mi sueño es tener caballos y un rancho.

Garnet no se lo pensó dos veces. —¿De qué color sería ese rancho?

—Blanco —respondí sin pensarlo.

—¿Y cuántos caballos tendrías?

—Siete —dije, riéndome ante la idea, aunque sabía lo que estaba haciendo y se lo agradecía. Para que los sueños o las visualizaciones funcionaran, debían tener el mayor detalle posible.

Después de correr, estaba ansiosa por volver a mi casa. Mi conversación con Garnet había encendido en mí el deseo de utilizar el poder de la visualización para imaginar mi próximo paso. Sabía cuál era el primer paso: encontrar un lugar tranquilo y dejar que mi mente divague. Cuando llegué a mi casa, me puse ropa cómoda y me senté en el sillón. Mi pareja se había llevado a nuestro hijo a pasar el día fuera, por lo que había una calma inusual. Cerré los ojos, respiré hondo y empecé a soñar.

Cosas Para Pensar Sobre

Aprender A Soñar En Grande

Los sueños son uno de los primeros pasos que podemos dar para construir un futuro mejor para nosotros mismos. Si no podemos visualizar lo que queremos en nuestra mente, no podemos establecer metas para alcanzarlo. Se podría llamar soñar despierto, aunque también se podría llamar visualización.

La visualización es la práctica de imaginar el resultado que queremos con todo detalle, utilizando los cinco sentidos. Al hacerlo, podemos empezar a imaginar un nuevo futuro para nosotros mismos. Es importante señalar que la visualización debe ser una actividad positiva, no una herramienta para castigarnos. No se trata de pensar en lo que aún no hemos hecho o de compararnos con lo que vemos en las redes sociales. Se trata de encontrar nuestra verdad y nuestros deseos fundamentales (lo que *verdaderamente* queremos) y dejar que nuestra imaginación haga el trabajo sin preocuparnos por el 'cómo': *¿Cómo voy a lograrlo?* En cambio, podemos dejar que nuestra mente pinte una imagen vívida del resultado final.

Ejercicios de Visualización

Si esto nos resulta desconocido, hay ejercicios que podemos hacer para ponernos en una mejor posición para empezar a visualizar lo que queremos o soñar con la vida que queremos vivir. Los ejemplos que se muestran a continuación no son definitivos ni exhaustivos, pero pueden ser un buen punto de partida:

1. Imagina un lugar al que fuiste en tu infancia, como un parque al que te llevaron tus padres o una zona con césped. Cierra los ojos, siéntate en el centro de ese lugar y responde a las siguientes preguntas:

- ¿Qué ves justo delante tuyo?
- ¿Hoy hay sol, llueve o está nublado? ¿Cómo está el tiempo?
- ¿Puedes sentir ese clima en tu piel? ¿Cómo se siente?
- ¿Hay algún olor que te llegue mientras estás sentado?
- ¿Puedes oír algo?
- ¿Cómo te sientes en este momento?

El propósito de este ejercicio es recordar que cada experiencia es una experiencia multisensorial. Podemos oler cosas, oír cosas, ver cosas, y no tienen por qué estar en nuestra realidad física. Podemos vivir cualquier momento en nuestra mente a través de la visualización, y tenemos control total sobre cualquier cosa que pueda suceder en ese momento. Podemos decidir que va a llover o que las flores van a florecer. Nuestra mente no sabe si realmente está sucediendo o si simplemente lo estamos soñando.

2. Utiliza este ejercicio para crear una imagen muy vívida de dónde te gustaría estar en el futuro. Probablemente será algo que nunca hayas visto en la vida real, pero que sabes que deseas. Si estás cursando tus estudios, imagina que cruzas el escenario para recoger tu diploma. ¿Qué llevarás puesto? ¿A qué olerá el auditorio? ¿Quién estará entre el público? ¿Cómo se sentirá la mano del decano cuando se la estreches?

   Otro ejemplo: imagina que quieres construir un auto de carreras. ¿Qué piezas ves delante? ¿Lo construirás para andar por tierra o para andar por el asfalto? ¿De qué color va a ser? ¿Dónde estás cuando lo construyes y cómo te sientes en ese espacio? Deja que tu imaginación vuele libremente; no hay sueños equivocados.

Descubriendo Lo Que Queremos

Para algunos, identificar nuestros deseos es el primer paso. O bien no nos han animado nunca a pensar en nuestros deseos y pasiones de esta manera, o bien nos han desalentado activamente. Este es un ejercicio simple y directo, pero puede ayudarnos a investigar y descubrir nuestros deseos más profundos. Podemos hacernos las siguientes preguntas y dejar que las respuestas fluyan por nuestra mente, sin juzgarlas a medida que surgen:

1. ¿Qué me encanta hacer?
2. Si no hubiera barreras que me impidieran hacerlo, ¿cómo sería de diferente mi vida?

En la segunda pregunta, "barreras" se refiere a cualquier obstáculo: dinero, las personas que nos rodean que no creen en esta línea de investigación, el lugar donde vivimos o nuestro trabajo actual. Podemos dejar que nuestra mente se desvíe hacia ese lugar de posibilidades, donde no hay límites y cualquier cosa puede suceder.

Llegué a Canadá con 16 años, llena de esperanzas, soñando con que la mudanza iba a erradicar mis problemas y tal vez incluso mi pasado. Mi padre vivía en una hermosa ciudad de la Columbia Británica llamada Kelowna. Su nueva esposa era una mujer adinerada, y su casa era un rancho enorme. Me dieron una habitación sobre el garaje que me brindaba privacidad, pero también una profunda sensación de no formar parte del hogar familiar.

En cualquier caso, mi yo adolescente estaba atónita con su estilo de vida, que percibía como una combinación de dinero y opulencia norteamericana; muy diferente al de los europeos con recursos similares. Viniendo de un hogar donde estaba acostumbrada a tener agua caliente solo entre las 7 y las 8 de la mañana, nunca había visto algo parecido a agua caliente a raudales.

Pero pronto descubrí que las cosas no iban a fluir tan bien como esperaba.

Mi primer obstáculo fue cumplir los requisitos para solicitar el ingreso a la universidad, que era mi objetivo más urgente e inmediato. Como los estudiantes del Reino Unido se gradúan un año antes que los de Canadá, los funcionarios de admisión no sabían qué hacer conmigo ni con mi expediente académico extranjero. Mi padre y yo pasamos meses buscando consejo en varias universidades, y finalmente se decidió que debía completar las asignaturas obligatorias para los estudiantes canadienses de 12º grado: matemáticas, física, química y biología. Me matriculé en un programa nocturno de educación para adultos y, gracias a mis buenos resultados académicos y a mis exámenes, me aceptaron en la Universidad de Saskatchewan en Saskatoon.

La universidad estaba a 1280 kilómetros de donde vivían mi padre y mi madrastra, y un conocido me ayudó a encontrar una habitación para alquilar en un departamento. Volé a mi nuevo hogar sola, sin conocer a nadie y sin dinero. Sin embargo, había trabajado en tres empleos durante mi breve estancia en Kelowna, así que llegué preparada con mi currículum. En mi primer día en Saskatoon, empecé a recorrer tiendas y restaurantes para repartirlo. En pocas semanas, ya tenía dos trabajos a tiempo parcial.

Esto resultó ser más fortuito de lo que pensaba, porque pronto descubrí que, a pesar del buen pasar económico de mi madrastra, ella y mi padre no iban a cubrir mis gastos de forma fiable. Consideraba que el dinero era más suyo que de mi padre, y sin duda más que de esta chica de 16 años a la que acababa de conocer.

Nada de esto me pareció una forma extraña ni inusual de empezar mis años universitarios. Debido a mi crianza, sabiendo que estaría por mi cuenta después de los 16, asumí que se esperaría que me abriera camino sola. Incluso si se me hubiera ocurrido pedir ayuda, pensé que hacerlo me haría vulnerable. Expondría una verdad que apenas podía admitirme a mí misma: que era una carga y un deber, y que me ayudaban porque era lo correcto, no porque me quisieran y cuidaran profundamente ni porque creyeran en mí. Fue una verdad dolorosa de aceptar, pero me enseñó desde muy joven que necesitaba creer en mí misma.

Mi plan inicial para la universidad era estudiar el programa de medicina veterinaria equina. Me encantaban los caballos, pasar tiempo al aire libre y cuidar animales. Pero en mi primer año, me enteré de que el programa solo aceptaba a 40 estudiantes a la vez. Todos eran residentes de Saskatchewan y la mayoría solicitaba admisión como segunda titulación.

Sin pensarlo mucho, abandoné la idea. Era lo suficientemente joven como para seguir el camino que la vida me trazaba, y resultó que se me daban bien los cursos de kinesiología que cursaba como parte de mis prerrequisitos para la carrera de veterinaria. Me fascinaba el funcionamiento del cuerpo (siempre había sido deportista, incluso durante mi enfermedad) y los cursos se me dieron de forma natural.

En mi penúltimo año, un profesor me guio para solicitar admisión al programa de honores y fui aceptada. Empecé a trabajar en el centro de rehabilitación cardíaca de la universidad y, poco después de graduarme, conseguí un trabajo en Vancouver, Columbia Británica, como consultora de campo para una empresa privada de salud multidisciplinaria que ayudaba a personas con discapacidad a largo plazo a reincorporarse al mercado laboral. Al igual que cuando me mudé a Saskatoon para ir a la universidad, tuve suerte al encontrar un lugar donde vivir en Columbia Británica.

En esos tiempos, había que comprar listados de anuncios para alquilar; esto era antes de internet. Di una vuelta con esa lista, y el primer lugar que encontré resultó ser un departamento en un sótano en Kerrisdale, que por aquel entonces desconocía que era uno de los barrios más ricos de la ciudad. Mientras su hijo estaba en la universidad, la mujer que publicó el anuncio alquilaba su departamento en el sótano a un precio muy reducido con el fin de hacer algo bueno por algún joven. La cautivé lo suficiente como para elegirme, y era hora de que mi vida real comenzara.

Gracias a pequeños gestos, recibí ayuda en momentos críticos para lograr lo que hice.

Mi padre y su esposa, aunque no me apoyaron

económicamente, me ayudaron a llegar a la universidad. Su amigo me encontró un lugar donde vivir, mis profesores me allanaron el camino para que prosperara académicamente, y luego esta mujer mayor me dio un alojamiento por un precio que podía pagar. Aun así, me llevaría años darme cuenta de que otras personas en mi vida me ayudaban con sus gestos, o de que podía abrirme conscientemente para aceptar la ayuda de los demás. En ese momento, lo que más me impactó fue lo sola que me sentía.

Durante mi estancia en la Universidad de Saskatchewan, me mudé brevemente con un hombre mayor. Para demostrar su desaprobación, mi padre hizo lo mismo de siempre: desapareció de mi vida, y de ahí en adelante solo supe de él esporádicamente. Por muchos años, luché profundamente con su ausencia. Siempre lo vi como una decisión suya el no estar en mi vida, aunque yo lo habría recibido de vuelta con gusto.

Ese segundo distanciamiento de mi padre me dolió, y sin duda fue un shock. Aun así, nunca pensé en ese entonces que sería tan definitivo.

4. Los Valores Son El Núcleo De Una Vida Próspera

"Tú que estás en el camino, debes tener un código según el cual intentas vivir..."

—"Teach Your Children," Crosby, Stills, Nash y Young

Fecha: 5 de Enero de 2012
Hora: 5 a.m.
Sesión: 50

Enero llegó tan rápido que me sentí como si hubiera sufrido un latigazo cervical. Esta época del año siempre era muy ajetreada para mí; mis clientes solían cancelar sus entrenamientos durante las fiestas y luego retomar sus objetivos de fitness el 1 de enero. Esto significaba que solía tener un buen mes financieramente y uno difícil en lo personal: estaba tan ocupada con el trabajo que no podía pasar tanto tiempo con mi familia como me hubiera gustado.

Esta vez, esa presión en mi agenda también me dejó casi sin tiempo para pensar en reestructurar mi negocio, así que lo pospuse temporalmente.

La mañana de mi primera sesión con Garnet en el nuevo año, supe que él estaba trabajando casi sin dormir. Había estado viajando durante las fiestas y acababa de regresar de un viaje de negocios. Me envió un mensaje el día anterior para decirme que aún quería que nos viéramos a pesar de haber aterrizado en Saskatoon casi de madrugada la noche anterior. Como siempre, cuando llegué a su edificio, estaba recién duchado y afeitado, vestido con su ropa deportiva y listo para salir.

—Buenos días —dijo al pasar por las puertas.

—Buenos días —respondí. Sabía que intentaba sonar alegre, pero en ese momento, noté que estaba agotado. Cuando se encaminó hacia la puerta principal para empezar con nuestra carrera, decidí cambiar de curso. Sabía por experiencia que a veces lo que un cliente realmente necesitaba era descanso. Pero clientes como Garnet, que tendían a aguantar el dolor en lugar de preocuparse por las lesiones, solían ser los menos propensos a tomarlo. Más bien, sabía que probablemente a él le habría resultado más fácil salir a correr y desconectar mentalmente para una carrera larga que hacer lo que le pedía: bajar el ritmo, concentrarse y corregir sus debilidades en el entrenamiento.

—Hoy nos quedaremos dentro —dije, alejándolo de la puerta.

Dimos la vuelta y nos dirigimos al gimnasio, que en ese momento solo estaba ocupado por otra alma valiente dispuesta a enfrentarse a la oscuridad de la mañana. Agarré una esterilla y unas bandas elásticas. Garnet había estado teniendo problemas con una contractura en la pantorrilla, así que decidí que podríamos aprovechar este día como una suerte de sesión de recuperación. Cuando se lo dije, se molestó.

—¿No es más importante trabajar la distancia? —dijo Garnet.

Habíamos decidido correr Kananaskis, la carrera de relevo de 160 kilómetros en Alberta, y estaba deseando entrenar hasta completar la longitud del tramo que iba a correr.

—Sí, pero es más importante recordar la necesidad del entrenamiento cruzado, el ejercicio correctivo y el autocuidado. Mi función más importante como tu entrenadora no es solo animarte y apoyarte cuando las cosas se pongan difíciles, sino pedirte que te tomes un descanso cuando corresponda.

Mientras practicábamos sus estiramientos, Garnet me preguntó por mis vacaciones y cómo se perfilaba el nuevo año.

—Estoy más ocupada que nunca —dije—, lo cual es una muy buena noticia. Mis clientes actuales me recomiendan mucho, así que tengo sesiones consecutivas casi todos los días.

—Es maravilloso —dijo—. ¿Y qué estás haciendo para avanzar hacia tu objetivo de reorientar el negocio?

Se me revolvió el estómago. Sentí como si me hubieran llamado la atención en clase por no haber traído la tarea. —Está en un segundo plano por ahora —contesté.

Garnet se detuvo a medio estirar y se giró para mirarme. —¿Por qué?

—Estoy demasiado ocupada. Necesito seguir generando ingresos. Mi trabajo tiene más potencial de ingresos que el de mi pareja, así que necesito aprovechar cualquier oportunidad que se me presente.

Esperaba sonar profesional y segura.

Garnet se incorporó. —Si no te importa que te pregunte, Olivia, ¿cuántos años tienes?

—No me molesta. Tengo treinta y dos.

Asintió. —Mi crisis empresarial llegó cuando era un poco mayor, a los cuarenta. Fue entonces cuando lo perdí todo. Y si miro hacia atrás, antes de los cuarenta y después, la diferencia fue que tuve un gran asesor que me enseñó a centrarme en los valores.

—Creo que sé cuáles son mis valores —le dije.

—Eso está bien, pero la pregunta es: ¿los vives? ¿Vives según esos valores? Tus valores fundamentales son la esencia de tu vida: quién eres antes de pensar. Cuando los comprendes y los nombras, te dan una base para funcionar.

—Bueno, ¿cuáles son tus valores fundamentales?

—La mayoría de la gente tiene cinco o seis, y puedo decirte que mis dos principales son la honestidad y la integridad.

—¿Por qué esos dos?

—Bueno, la honestidad porque debes hacer lo que dijiste que ibas a hacer. No puedo mirarme al espejo por la mañana si no vivo así. Así que es obvio.

—¿Y la integridad?

—Se alinea con la honestidad. Es un sentido de responsabilidad personal, que se vincula con mi compromiso con cosas como ser puntual y estar en contacto con la gente. Hago estas cosas incluso cuando no me convienen, incluso si me causan incomodidad o me entorpecen el día.

—Te he *visto* actuar así con tus amigos. Y lo inusual es que inviertes la energía emocional en pensar en el enfoque más ético y honesto para una situación dada, y cómo hacerlo sin ser una carga para los demás. Me recuerda la cita de Brené Brown: "La integridad es elegir la valentía sobre la comodidad; elegir lo correcto sobre lo divertido, rápido o fácil; y elegir practicar nuestros valores en lugar de simplemente profesarlos".

—¡Eso lo resume todo!

Pasamos de las bandas a la pared y comenzamos a trabajar en el estiramiento de la pantorrilla de Garnet.

Kananaskis estaba a seis meses de dar inicio, pero me preocupaba que, si no manteníamos su conciencia corporal, equilibrio y rango de movimiento activo, no estaría listo para una carrera de tan larga distancia. Mientras lo hacíamos, se me ocurrió una pregunta.

—Tengo curiosidad sobre algo —dije—. ¿Qué te pasa si *no* vives de acuerdo con tus valores? ¿Si estiras una verdad o evitas una interacción difícil aunque sepas que es la correcta?

—Me siento mal físicamente, como un completo fracaso. No hay otra manera de decirlo. La buena noticia es que hay una forma de superarlo, aunque no es fácil.

—¿Cómo sería eso?

—Analizando por qué lo hiciste y admitiéndolo —respondió Garnet—. Simple y llanamente. Si te dijera una mentira piadosa para proteger tus sentimientos, por ejemplo, sigue siendo una mentira. Trabajaría y trabajaría y trabajaría para entender por qué lo hice, y un día te diría: "Te dije esto esa vez y realmente no era lo que quería decir". Eso no lo arregla, pero tienes que intentar enderezar el barco.

—Lo que describes es muy difícil para la mayoría de la gente —dije—. Mirarnos al espejo y ser honestos con nosotros mismos es una de las cosas más difíciles que podemos intentar.

—Nadie dijo que fuera fácil.

Auch. Garnet tenía una forma de decir las cosas, y yo empezaba a darme cuenta que podía doler un poco.

—Bueno, uno de mis valores fundamentales es la excelencia. Intento mostrar ante todos lo mejor de mí. Así que, cuando tengo tantos clientes, es difícil no tomarme el tiempo extra para darles lo mejor de mí.

—¿Cuáles son otros?

—Diría que… conexión, valentía, compasión, la aceptación de los retos y el aprendizaje.

—Genial. ¿Aplicas todos esos valores, incluida la excelencia, en todas las áreas de tu vida?

Pensé en ese mes y en el poco tiempo que había pasado con mi hijo y mi pareja, en la dificultad que tenía para compaginar trabajo y familia, y en cómo siempre parecía caer en el error de trabajar demasiado.

—Lo intento —dije. Sabía que sonaba a la defensiva.

—Sé que sí —dijo Garnet—. Pero si no descubrimos cómo vivir de acuerdo con nuestros valores, nos arrepentiremos más adelante.

Me recordó nuestra conversación sobre los ladrillos. Lo que noté, si unía todos estos conceptos, era que mis creencias limitantes a veces me impedían vivir en sintonía con mis valores. Cuando intentaba balancear mi trabajo y mi vida de forma más equilibrada, enseguida me tropezaba con esa vieja creencia que me decía que era vaga por no trabajar al máximo. Como resultado, no estaba tan presente y disponible como quería, como pareja y como madre.

—Bien —dije—, pero usar tus valores como brújula para guiarte en la vida es, al menos creo, vivir a un nivel de vida muy alto. Entonces, ¿cómo malditamente lo logras?

—Uno de los elementos más importantes es no preocuparse por lo que piensen los demás de ti. Solo puedes preocuparte por lo que *tú* piensas de ti. Si conoces tus valores, al despertarte por la mañana, te preguntas: "¿Soy fiel a ellos?". Y si la respuesta es que sí, que el resto del mundo se joda.

Me quedé alucinada. Garnet solía plasmar estas ideas de forma tan sencilla, aunque sabía que requerían mucho trabajo. Era como si pudiera destilar lo aprendido hasta entonces en su esencia más pura.

—Parece que eso también te ayudaría a lidiar con el fracaso —dije—. Porque si intentas algo y no funciona, siempre que sepas que lo intentaste a tu manera y seas fiel a ti mismo, eso te dará la confianza para seguir adelante.

—Exactamente. Dicho esto, si estás siendo la mejor Olivia que puedes ser, te estás vendiendo barato al quedarte estancada con tu negocio. ¿Qué haría falta para que avances con eso?

La verdad es que no lo sabía.

—Podríamos simplificar tu idea de negocio a tres tarjetas, Olivia —continuó Garnet mientras nos relajábamos en el vestíbulo de su edificio.

—¿Te parece?

—Sí. Hay tres cosas que nos frenan a todos, y son las mismas para casi todos, porque es parte de la naturaleza humana: la vergüenza, la culpa y el miedo. Si simplemente dijeras: "Te voy a dar estas tres tarjetas y quiero que las pongas sobre la mesa en el orden en que creas que te afectan más. Mi trabajo es ayudarte a superarlas todas", la gente podría identificarse con eso.

—Estoy de acuerdo en que el mensaje necesita simplificarse. Siento que mi incapacidad para tomarme el tiempo para sentarme y reflexionar sobre estas cosas me está frenando de alguna manera; más bien, quizás de forma significativa.

—Voy a ser muy sincero. Creo que cuando llegue el momento adecuado, lo vas a hacer.

Mientras conducía a casa, pensé en todo lo que quería hacer si tuviera tiempo.

No se lo había dicho a la mayoría de mis clientes, pero en los últimos años, me había desencantado de la industria del fitness. En los primeros años de mi negocio de entrenamiento personal, la gente acudía a mí con el claro objetivo de cambiar la forma y el tamaño de su cuerpo. Y en ese entonces, me uní a esa narrativa. Era la creencia cultural dominante: que la salud significaba necesariamente perder peso, y como el ejercicio me ayudaba tanto a sentirme segura y confiada con mi cuerpo, pensé que podía ofrecerle esa misma libertad a otras personas al mismo tiempo que trabajábamos hacia sus objetivos más estéticos.

Pero después de varios años en la industria, y con el fitness todavía tan basado en el peso, sentía que no estaba atendiendo a mis clientes como quería. Sabía que tenía todos los conocimientos y las habilidades, pero aún no podía ayudar a las personas a lograr los tipos de transformaciones corporales que se propagaban en los programas de telerrealidad, las revistas de celebridades y las revistas femeninas.

Por mucho que mejoraran sus vidas con el ejercicio regular, mis clientes sentían que habían fracasado si no bajaban de peso. Me decían: "Me siento mejor, tengo más energía, pero me parece que no funciona; el número en la balanza no ha cambiado". Empecé a darme cuenta de que, si como sociedad no desmantelábamos el condicionamiento social que rodea a nuestros cuerpos, las personas (y, más a menudo, las mujeres) no van a poder nunca liberarse de la carga de sentirse incómodas consigo mismas.

Quería contrarrestar la idea de que todos los problemas de la vida se pueden resolver con dieta y ejercicio; que, si mis clientes perdieran 4, 5 o 7 kilos, serían felices y estarían en paz. En cambio, quería inculcarles la idea de que una alimentación saludable y el movimiento constante eran beneficiosos *por sí solos*, porque nos ayudaban a sentirnos mejor y a dar lo mejor de nosotros mismos.

En esencia, así era como esperaba impulsar mi negocio. Me emocionaba solo pensarlo, ya que uno de mis valores fundamentales era aprender; quería acompañar a mis clientes en un viaje de aprendizaje. Noté la energía que me llenaba al pensarlo, en contraste con el temor ocasional que sentía al pensar en sesiones de capacitación consecutivas.

Sabía que Garnet había dado en el blanco con algo. La pregunta era: ¿qué tenía que hacer ahora?

Cosas Para Pensar Sobre

Identificar y Vivir Según Nuestros Valores Fundamentales

Sin identificar nuestros valores fundamentales, es imposible vivir la vida en sintonía con nuestro yo más auténtico y elevado. Sin embargo, es importante diferenciar entre valores, necesidades humanas y condicionamiento social.

Todos los seres humanos tenemos maneras de actuar que nos ayudan a satisfacer nuestras necesidades. Por ejemplo, podemos mentir para protegernos de un castigo excesivo que seguramente recibiríamos si dijéramos la verdad. O tal vez nos hayan educado para priorizar nuestra apariencia cuando, en realidad, es algo que no resuena con nuestra esencia,

Dicho esto, los valores fundamentales tienen que ver con el significado: ¿Qué hace que nuestra vida sea verdaderamente valiosa y emocionante?

Hemos incluido una larga lista de posibles valores que podrían resonarles. Esta lista abarca una amplia gama de sentimientos, experiencias, estilos de vida y características, como la serenidad, la riqueza, la espiritualidad, el trabajo en equipo, la alegría, la colaboración y la amabilidad. Al leer una lista de valores y decidir cuáles te resuenan más, es importante observar cómo se sienten nuestros cuerpos y cómo respondemos a las palabras. ¿Hay cosas innegociables? ¿Otras que no lo son tanto? Hacer esto puede convertirse en una lección para conocernos a nosotros mismos. Al hacerlo, descubrimos cómo queremos existir en el mundo: qué nos importa y qué define a la persona que queremos ser.

Para refinar esto aún más, podemos tomar algo para escribir y dejar una marca junto a cada palabra, indicando su importancia para nosotros con el siguiente sistema numérico (recordando que no hay respuestas correctas o incorrectas):

1—No es importante para mí

2—Algo importante para mí

3—Importante para mí

4—Muy importante para mí

5—El más importante para mí

Lista de Valores

A medida que enumeras cada valor, verás que ciertas palabras se vuelven más importantes y otras menos importantes. Intenta repetir el ejercicio varias veces, incluso en días o semanas diferentes, y observar si obtienes las mismas respuestas. Al final, deberías tener entre cinco y ocho valores fundamentales.

- Aceptación
- Acuerdo
- Admiración
- Agradecimiento
- Alegría
- Amistad
- Amor
- Apertura

- Autenticidad
- Autoexpresión
- Autoridad
- Autorrealización
- Belleza
- Bienestar
- Calidad
- Capacidad
- Comunidad
- Confiabilidad
- Confianza
- Consideración
- Coraje
- Cooperación
- Creatividad
- Crecimiento
- Cuidado
- Curiosidad
- Deber
- Determinación
- Deportividad
- Dignidad
- Disciplina
- Diversidad
- Educación
- Eficacia
- Empatía
- Equilibrio
- Esperanza
- Espiritualidad
- Estabilidad financiera
- Exploración
- Familia
- Fé
- Filantropía
- Flexibilidad
- Frugalidad
- Generosidad

- Gobernanza
- Honestidad
- Humildad
- Humor
- Inclusión
- Independencia
- Influencia
- Información
- Integración
- Ingenio
- Integridad
- Justicia
- Lealtad
- Libertad
- Logro
- Minimalismo
- Moral
- Naturaleza
- Ocupación
- Paciencia
- Patriotismo
- Paz
- Reciprocidad
- Reconocimiento
- Relajación
- Responsabilidad
- Riqueza
- Sabiduría
- Satisfacción
- Seguridad
- Seguridad en uno mismo
- Seguridad laboral
- Seriedad
- Toma de riesgos
- Tradición
- Valor
- Visión
- Vulnerabilidad

Al hacer este ejercicio, podemos empezar a ver cómo ciertas palabras se vuelven más importantes mientras que otras se vuelven menos importantes. Tras repetir el ejercicio varias veces, incluso en días o semanas diferentes, podrás ver si obtienes las mismas respuestas. Finalmente, deberías tener entre cinco y ocho valores fundamentales que realmente te representen como persona.

Tras comprar y vender mi primer hotel, mi negocio despegó más allá de lo imaginable: gané mi primer millón y luego lo multipliqué por decenas. Me dediqué por completo a mi negocio, trabajando desde la apertura hasta el cierre, siete días a la semana. En medio de todo, me casé, tuve dos hijos e hice todo lo posible por estar en mi casa a la hora de cenar para leerles a mis hijas. Aunque todo iba bien, me preocupaba que algún día me arrepintiera de todo el tiempo que dedicaba a trabajar en lugar de estar con mi familia

Así y todo, mi esfuerzo dio sus frutos, y durante las siguientes décadas seguí acumulando ganancias con mis negocios hoteleros e inmobiliarios. Pero, a finales de mis treinta, las cosas se empezaron a tambalear. Perdí un hotel, y después otro, principalmente por un optimismo excesivo, sumado a una estupidez desenfrenada y una mala gestión.

Por ejemplo, tenía un hotel en una zona urbana que vendí, pero el comprador incumplió, así que lo recuperé; el problema fue que para entonces, estaba en mal estado. Pensé que podía cambiar la situación si adquiría en su lugar algunos hoteles más pequeños que pudieran generar similares ganancias. Pero hice una mala gestión en algunas contrataciones, incluyendo a miembros de mi propia familia, y los hoteles rindieron por debajo de mis expectativas optimistas. En mi opinión, esos eran problemas solucionables; nada tan grande.

Para asegurarme de alimentar a mi familia y reducir gastos, empecé a trabajar en mis hoteles, con turnos largos, y a vender seguros de vida como ingreso extra. Pero entonces la situación empezó a empeorar, y me encontré trabajando 20 horas diarias de lunes a viernes, 14 horas los sábados y ocho horas los domingos. No era sostenible ni rentable (ni saludable para mi familia). Terminé perdiendo hoteles uno a uno hasta que finalmente no me quedó ninguno y los proveedores me decían que no les habían pagado.

Así, sin más, lo que una vez fue un negocio multimillonario se vino abajo.

Casi al mismo tiempo, me inscribí en un programa llamado Strategic Coach®, dirigido por Dan Sullivan. El programa se reunía un día cada trimestre, en grupos pequeños, para talleres y conferencias. Me inscribí porque había empezado a vender seguros de vida para aumentar mis ingresos y había escuchado que Strategic Coach® sería una buena manera de expandir mi negocio; muchos otros agentes asistían, y yo acababa de cumplir los requisitos financieros para unirme.

Lo que no sabía en ese momento era que Strategic Coach® no solo me enseñaría más sobre el dinero. Al contrario, cambiaría mi vida en todos los sentidos.

En aquel entonces, yo era un fumador empedernido que pesaba más de 136 kilos, trabajaba sin descanso y vivía de forma desastrosa. En sólo un año, recibí 26 multas por exceso de velocidad. Aunque me llevó tiempo darme cuenta, mi estilo de vida fue parte de la razón por la que mi negocio se desmoronó. Todos los aspectos de mi vida se complementaban, y no podía tener éxito en un área mientras dejaba que las demás se deterioren.

Mi mente se abrió a esta realidad desde el principio, después de asistir a una de las primeras actividades de Strategic Coach®, donde se les pedía a los participantes que escriban los problemas de sus vidas y que ideen estrategias para solucionarlos. Al empezar esa tarea, algo cambió dentro de mí. Me di cuenta de que nunca iba a poder darle un giro a mi negocio sin cambiar mi vida personal. Uno no existía sin el otro. Los problemas en mi vida personal me impedían tener más éxito en mi vida profesional y viceversa.

Empecé a hacer una lista de todo lo que necesitaba cambiar, incluyendo aspectos de mi salud, finanzas y relaciones. Lo abordé como si estuviera solo en una habitación tranquila, admitiendo todos mis errores, incluso, y quizás hasta especialmente, aquellos que me causaban más vergüenza.

Además de adoptar un estilo de vida más saludable, otro gran descubrimiento a través de Strategic Coach® fue que declararme en bancarrota era mi mejor opción, algo que no había considerado. Tras perder mis hoteles, había pagado a todos los pequeños proveedores a los que aún les debía dinero, porque no quería defraudarlos. Finalmente, las deudas pendientes que me quedaban eran con el gobierno. Era un préstamo que podría haber resuelto, pero me habría costado muchísimo hacerlo, y habría supuesto un gran retraso en mi progreso. Aunque estaba convencido de que era la mejor manera de avanzar, tomar la decisión de declararme en bancarrota fue un duro golpe para mi ego y mi orgullo. Luchar contra la vergüenza de esa decisión fue una de las partes más difíciles de mi trayectoria inicial.

Como aprendí de primera mano, nadie conocía la humildad hasta que se encontraba frente a otro hombre (un juez) y le decía que había fracasado en los negocios y que no le quedaba dinero. Pero a través de ese doloroso proceso, comencé a aprender una lección importante: ninguna de las metas que tenía para mi vida sería fácil de alcanzar.

Mi hermana Cassie era dos años mayor que yo y también era brillante. Devoraba libros, escribía poesía y ensayos, y destacaba en todas las ramas de las artes. Pero desde que tengo memoria, luchó con graves problemas emocionales. Se escapaba de casa muchas veces y siempre mostró un comportamiento errático. Era una de las razones por las que sentía que mi trabajo era ser la persona sensata, la que no causaba problemas.

Sin embargo, en la década de '90, ninguna de las dos recibió la atención que necesitábamos. Intentó suicidarse varias veces y estuvo entrando y saliendo de internaciones en la guardia psiquiátrica, pero nunca con herramientas ni medicamentos que la ayudaran a estabilizarse.

A medida que Cassie crecía, le costó mucho encontrar su camino en el mundo a pesar de sus logros académicos. Intentó ir a la universidad, pero estaba obsesionada con encontrar novio. Intentó estudiar enfermería y administración de negocios, pero fracasó debido a crisis vitales, malas relaciones o falta de entusiasmo por la profesión. Cayó en la costumbre de idealizar las cosas y luego decepcionarse insoportablemente con la realidad. Su última elección profesional fue convertirse en anestesióloga, y por un breve tiempo, pareció que por fin había encontrado su camino. Estaba entusiasmada con el trabajo y tenía un novio cariñoso, y todos pensábamos que las cosas estaban cambiando. Pero hay un universo de experiencias dentro de todos nosotros, y nunca se sabe realmente qué está pasando en el cosmos de nadie.

En el hospital donde trabajaba, dijeron que debía haber estado robando sedantes a pequeñas cantidades durante varios meses, así que nadie notó su ausencia. Cuando finalmente tuvo suficiente para una dosis letal, a los 22 años, se inyectó una sobredosis que acabó con su vida.

Para entonces, mi padre no me había hablado en dos años, pero le encargaron a él la tarea de llamarme para avisarme. Cuando contesté el teléfono, lo supe casi al instante. Lo escuché en su voz, lo sentí en mis huesos. Ella ya no estaba más.

5. Generosidad: La Bondad En Dar

"La forma en que ves a las personas es la forma en que las tratas, y la forma en que las tratas es en lo que se convierten".

—Goethe

Fecha: 1 de Febrero de 2012
Hora: 9 a.m.
Sesión: 58

Una fría pero soleada mañana de domingo, estaba en la cocina preparando panqueques para mi familia. Justo cuando volcaba la masa en la sartén, oí lo que parecía un motor acelerando afuera.

Al principio, lo atribuí a un motociclista que pasaba. Pero luego el sonido se fue acercando cada vez más, hasta que se detuvo justo frente a mi casa.

Al darme cuenta de lo que estaba pasando, me reí a carcajadas. Garnet me había contado la semana anterior que se había comprado una Harley-Davidson. Al principio le tomé el pelo, diciéndole que parecía que estuviera atravesando una crisis de la mediana edad. No le importó; le encantan los autos y las motos, y nada podía quitarle alegría de su nueva compra. Le comenté que a mi hijo Keenan también le encantaba cualquier cosa que tuviera un motor. Aunque era pequeño, Keenan me sorprendía notando cosas. Una vez, estaba cambiando mis neumáticos de verano por los de invierno, una tarea que me parecía molesta, como mucho, pero a Keenan le fascinaba. Garnet tiene dos hijas adultas, a quienes les inculcó el amor por los vehículos, y sus ojos se iluminaron cuando mencioné el interés de Keenan.

—¿Crees que le gustaría ver la moto? —me preguntó.

—Seguro que le encantaría —respondí.

No esperaba que nada saliera de eso. A menudo tenía conversaciones así con clientes, superficiales, sobre planes que nunca se concretaban. Pero Garnet era diferente. Su palabra era su compromiso. Pero quizás más importante que eso era algo que le conté recientemente a Garnet sobre Keenan, que lo conmovió profundamente: que Keenan nació con una cardiopatía muy rara que le causaba dificultad para respirar cada vez que se involucraba en una actividad física. Yo sabía de la cardiopatía desde antes de que naciera, pero nuestro plan de tratamiento se estaba intensificando porque acabábamos de enterarnos de que su riesgo de sufrir una obstrucción cardíaca estaba aumentando. Ahora le iban a poner un marcapasos, una cirugía extremadamente invasiva para un niño tan pequeño. También iban a evaluarlo para analizar si calificaba para un procedimiento correctivo que podría arreglar la anomalía con la que nació.

Garnet se identificó con lo que Keenan estaba atravesando a un nivel profundo. Keenan no podía practicar deportes ni correr libremente como otros niños, y Garnet había experimentado algo similar debido a su asma. Era un recuerdo de infancia sumamente doloroso, y le preocupaba que Keenan sufriera lo mismo.

Ese domingo, me costó mucho evitar que Keenan saliera corriendo a la calle a ver la moto. Para cuando me di cuenta, Garnet ya le estaba mostrando el motor, el manillar, explicándole cómo funcionaba la motocicleta como una máquina. Keenan estaba embelesado; hizo un millón de preguntas, y Garnet parecía tener una paciencia infinita para contestarlas todas.

Sabía lo que venía.

—Keenan, ¿quieres dar una vuelta? —le preguntó Garnet—. Si a tus padres les parece bien, claro.

Keenan se giró hacia mí y me suplicó: —¡Por favor, déjame ir! ¡Voy a tener cuidado!

Vivimos en una región agrícola; hay un chiste sobre que es tan vasta y plana que se puede ver el horizonte hasta del otro estado. Les hice prometer que irían despacio, y Garnet dijo que solo lo llevaría a dar una vuelta a la manzana. Le grité al padre de Keenan que estaba adentro, para asegurarme de que a él también le parecía bien.

—Le hará bien —respondió mi pareja—. ¡Ojalá yo también pudiera ir!

Ayudamos a Keenan a ponerse el casco y a subirse a la moto. Verlos juntos me hizo feliz. El rostro de Keenan estaba lleno de alegría y asombro, y el de Garnet, de una sorprendente bondad y calidez. Los miré mientras arrancaban, conducían despacio por la manzana y regresaban por la dirección opuesta un rato después.

—¿Qué tal estuvo? —le pregunté a Keenan.

—¡Genial! —contestó.

Garnet sonrió. —Es un gran copiloto —dijo, y Keenan sonrió radiante.

Invité a Garnet a comer panqueques (había hecho demasiados), pero se negó y se fue, como un hada madrina que cumplió con su labor.

En nuestra sesión de la semana siguiente, le di las gracias efusivamente. Keenan no había parado de hablar de su paseo en moto durante toda la semana.

—Fue muy generoso de tu parte venir hasta nuestra casa solo para llevarlo —dije.

—Fue un placer —respondió—. Tuve que superar muchas cosas de mi familia de origen, pero en cuanto a generosidad, aprendí bien de mi padre.

Garnet me contó que algunos de sus recuerdos más preciados de la infancia eran los sábados que pasaba haciendo campañas solidarias para la iglesia con su padre. Su padre trabajaba como voluntario porque creía en crear una comunidad y en estar disponible como recurso para los más necesitados. Motivado por la compasión, la empatía y la bondad, inculcó en Garnet una asociación positiva y edificante con la generosidad.

—La gente se sentía atraída hacia él porque sabían que se preocupaba de verdad por ellos —contó Garnet—. Lo admiraba muchísimo por ese trabajo y me esfuerzo por ser como él en ese sentido.

—Bueno, no te imaginas cuánto agradeció Keenan que vinieras con la moto —dije.

—¿Sabe que su madre es igual de generosa?

El cumplido me hizo sentir cohibida y tímida.

A veces Garnet sabía cómo llegarme al corazón.

—No sé —respondí—. No me considero una persona excepcionalmente generosa.

—¿Sabes? A veces pienso que no te das cuenta de lo mucho que me has dado en estos últimos cinco meses —dijo Garnet—. Cuando empezamos a trabajar juntos, sudaba a raudales a los cinco minutos de empezar a entrenar. Ahora puedo correr ocho kilómetros y sentirme fantástico al terminar. Sé que no todo el tiempo es fácil trabajar conmigo. Logré alcanzar estas metas porque nunca me abandonaste. De hecho, dices que soy generoso, pero me pregunto: ¿cómo puedes ser tan generosa y estar tan abierta a ver lo mejor de las personas?

—Bueno… Supongo que una de mis creencias es que la generosidad es fundamental para sentirnos bien con nosotros mismos. Ayudar a los demás aumenta nuestro bienestar, lo que significa que genera energía positiva que se transmite al mundo. Y ni siquiera tiene que ser recíproco. Si asumo lo mejor sobre el otro, puede que me corresponda o no, pero yo he puesto esa positividad en el universo, lo cual es una ganancia neta.

—Estoy de acuerdo. Es el efecto mariposa.

—¡Sí!

—Mi única advertencia sobre esa creencia es que hay que ser perspicaz. Si alguien empieza a aprovecharse de tu generosidad, es fundamental establecer un límite claro con esa persona.

—A veces me cuesta eso mismo.

—Para mí también solía ser difícil. Es una de las principales razones por las que perdí todos los hoteles. Seguía contratando gente porque me daban pena, y los conservaba incluso después de que me hubieran demostrado quiénes eran realmente.

Nuestra conversación me recordó un trabajo reciente sobre la autocompasión. La esencia de la práctica era aceptarnos dondequiera que estuviéramos en nuestro camino de crecimiento o sanación, en lugar de decir que nos aceptaríamos una vez que alcanzáramos cierta meta. Según esas enseñanzas, esa base era clave para establecer límites y ser generosos de maneras que tuvieran sentido dada la realidad de nuestra situación.

—¿Sabes, Olivia? Esta conversación me hace pensar en una práctica que quiero retomar —dijo Garnet—. Elijo tres actos de generosidad para hacer cada día y los anoto una vez hechos. Uno de mis favoritos es buscar lo bueno en las personas y hacerles saber lo que veo. Por ejemplo, solía ir a un Starbucks y siempre veía a la misma empleada. Siempre le decía que lo estaba haciendo muy bien. Un día, por su voz fuerte y sus gestos, me di cuenta de algo: tenía TDAH, lo cual supe porque yo también lo tengo.

Garnet me había mencionado su diagnóstico antes, pero solo de pasada. Sabía que lo había recibido más tarde en la vida, y que eso cambió su forma de verse a sí mismo y a sus interacciones con el mundo.

—¿Se lo mencionaste alguna vez? —le pregunté.

—Sí. Le dije: '¿Sabes que tienes TDAH?'. Me miró con extrañeza, pero la siguiente vez que la vi, me dijo: '¡Garnet!' (Siempre me saludaba así) '¡Tenías razón! Fui a la clínica y me hicieron la evaluación. ¡Tengo TDAH! ¡Eso explica muchas cosas!'

—¡Es increíble! Debe haberle cambiado la vida.

—Es un ejemplo de lo que pueden lograr los simples actos de generosidad.

Durante los meses siguientes, Garnet siguió llevando a Keenan a aventuras especiales, como ir al concesionario John Deere o dar más paseos en moto. Más tarde, Garnet me contó que cuando conoció a Keenan, experimentó una increíble sensación de déjà vu. Parte de la razón por la que vino con la moto, explicó, fue para establecer una relación con Keenan que le hiciera saber que, a medida que envejeciera, siempre habría alguien a su lado, incluso si ese alguien era, como decía Garnet, "solo un viejo". Así como las enfermeras del hospital le habían mostrado amabilidad, él quería mostrarle la misma amabilidad a mi hijo. Fue una de las muestras de generosidad más genuinas que haya visto en él (aunque con los años, vería muchas más).

Ver cómo era con Keenan me hizo darme cuenta de que Garnet no hacía las cosas a medias; siempre era todo o nada. Parecía darle tanta alegría como a Keenan pensar en un plan que le produjera a mi hijo una alegría extrema y un desbordamiento de emoción. Cada vez que Garnet le contaba a Keenan sobre sus planes para su próxima aventura, podía ver la misma cantidad de alegría en sus caras. Cuanto más lo pensaba, más me daba cuenta de lo importante que era: tanto la generosidad de Garnet hacia Keenan, como también la que yo misma manifestaba en mi vida. Siempre intentaba ser generosa con mis clientes y mi familia, pero también me sorprendía andando con la cabeza gacha el resto del tiempo.

Mientras reflexionaba sobre eso, empecé a pensar en pequeñas cosas que podía hacer para alegrarle el día a alguien: felicitarlo por su trabajo, su outfit, o sus hijos. Era tan fácil. Solo tenía que ser más consciente de eso.

Cosas Para Pensar Sobre
Fortalecer Nuestra Capacidad de Dar

La generosidad se trata de pagar por adelantado: ser amables o hacer cosas buenas por los demás sin esperar nada a cambio. En ese sentido, también forma parte de la integridad y de hacer lo que se debe hacer, incluso si nos resulta inconveniente.

Dado que puede ser un tema tan amplio, considerar ideas y principios específicos que influyen en la generosidad nos ayuda a aprender a practicarla:

1. La generosidad no significa necesariamente dar dinero.

Ser generoso significa dar de maneras que estén a nuestro alcance. Eso puede significar felicitar al empleado que nos atiende a diario en nuestra cafetería favorita o hacer un esfuerzo para devolver algo que vimos que se le cayó a alguien sin que se diera cuenta. Estas acciones requieren muy poco tiempo y esfuerzo, pero pueden cambiar el día de otras personas.

2. Piensa en tres o cuatro maneras de ser generoso cada día.

Así como nos ayuda a registrar nuestros hábitos, deberíamos anotar nuestras ideas sobre cómo pretendemos ser generosos. Así, podemos marcarlas después de llevarlas a cabo cada día. De esta forma, la generosidad se volverá un hábito más.

3. Deberíamos ser tan generosos con nosotros mismos como con los demás.

Como dice el refrán, es importante que primero nos pongamos nuestras propias máscaras de oxígeno. ¿Estamos implementando buenos hábitos y viviendo según nuestros valores? ¿Cuidamos nuestra salud física y mental? Solo entonces vamos a poder estar realmente presentes para los demás.

4. La generosidad es un trabajo de toda la vida.

Como todos los buenos hábitos, la generosidad es una práctica. A veces se nos escapa, pero es fácil retomarla simplemente volviendo a nuestra rutina de escribir nuestras ideas y ponerlas en acción.

Mientras seguía trabajando en el plan que había comenzado en Strategic Coach®, abrí mi mente a otra idea que cambiaría mi vida: la posibilidad de ser educado por profesionale. Mi plan requería la colaboración de profesionales, desde médicos hasta psiquiatras, terapeutas y más. Así que, por primera vez en mi vida, comencé a contactar a otros y a pedir ayuda.

Una de las primeras personas que contraté fue un consultor, Willy Fornier, quien me ayudó enormemente a reenfocarme en mis valores y mi misión. Dediqué muchas horas a descubrir qué era lo más importante para mí en los negocios y en la vida, y las creencias resultantes me permitieron orientarme cada día a partir de entonces. A su vez, pude delinear una misión: ayudar al mayor número de personas posible y ser el mejor recurso disponible para los dueños de negocios que buscaban optimizar su patrimonio.

Sin embargo, esa noción de ser el mejor no significaba alcanzar una meta y luego relajarme. Significaba evolucionar e innovar constantemente, ser la mejor versión de mí mismo hoy, no ayer ni mañana.

El concepto de centrarme en el presente también surgió de una consejera con la que trabajé, que operaba desde una perspectiva budista. Me introdujo a la literatura que me impulsó a comprenderme a mí mismo a un nivel más profundo, a lidiar con mis problemas constantemente y a comprender cómo me relacionaba con los demás. Influenciado por libros como Going to Pieces Without Falling Apart por Mark Epstein, doctorado en psiquiatría; The Art of Happiness por el 14avo Dalai Lama y Howard Cutler y How to See Yourself as You Really Are por el 14avo Dalai Lama, mi mentalidad fluctuó lentamente para permitirme comprender que el cambio era posible en lo más profundo de mi ser.

Claro que "volverme enseñable" es la versión refinada

de cómo vi este proceso en retrospectiva. Solía pensar que ya me habían dado una paliza, así que ya no estaba tan seguro de ser inteligente. Siguiendo esa idea, el resultado fue que pude evolucionar, básicamente, desde cero.

Durante todos estos cambios, seguía decidido a mantener a mi familia. Originalmente me había metido en el negocio de los seguros de vida por necesidad, pero al igual que en mi primer trabajo en el Banco de Comercio, pronto descubrí que tenía una aptitud innata para eso. Mientras construía el negocio que se convertiría en The Targeted Strategies Group (TTSG), la correduría de seguros más grande y sofisticada de Canadá, que trabaja con personas y familias de alto patrimonio en seguros y planificación patrimonial, me concentré en aplicar las mejores prácticas que había aprendido, tanto personal como profesionalmente. No fue una solución fácil ni rápida. Pero era la única manera de volver a la cima.

El centro de convenciones de Phoenix, Arizona, estaba lleno de gente a la que admiraba desde hacía años: influencers digitales de élite y con amplia experiencia en salud y bienestar de todo el mundo. Estaba ahí para presentar la idea de mi nuevo negocio y aprender de los mejores y más brillantes en mi campo.

Había una mujer en particular con la que esperaba conectar. Era (y sigue siendo) muy conocida y exitosa, y se especializa en fitness para mayores de 50 años. Con un nicho de mercado similar al que esperaba dirigirme, pensé que podría interesarle mi idea.

Durante un evento de networking, me acerqué a ella, me presenté y le pregunté si podía presentarle mi plan. Para mi deleite, aceptó.

Durante un minuto, escuchó atentamente mientras le daba mi discurso: mi historial con un trastorno alimentario me encaminó a encontrar una manera de ofrecer fitness a las masas sin centrarse en la vergüenza ni la culpa, sino que adoptara la idea de que el ejercicio y el bienestar no tienen por qué estar inextricablemente ligados a un cuerpo que cambia de tamaño.

Cuando terminé, sonrió.

—Bueno, todo el mundo ha experimentado con las dietas y atravesado algún trastorno alimentario en la adolescencia, ¿no? —dijo—. Gracias, pero no creo que sea un tema lo suficientemente grave como para basar un negocio en eso y gestionarlo con éxito.

Le devolví la sonrisa y me fui, pero por dentro estaba furiosa. Antes de la actual crisis de opioides, los trastornos alimentarios eran la principal causa de muerte por enfermedades mentales. Décadas en la industria del fitness y el bienestar me han enseñado que muchas personas, en particular las mujeres, estamos tan perjudicadas y oprimidas por los estándares de belleza, cuerpo y feminidad que nos privan de nuestra salud mental, estamos más predispuestas a relaciones poco saludables con la comida y el ejercicio, y nos consumen pensamientos sobre nuestro cuerpo que podrían usarse para avanzar en nuestra carrera y más.

Si todo eso no era suficiente, no sabía qué lo era.

6. Los Objetivos Son Nuestras Metas Específicas Para el Éxito

Fecha: 2 de Marzo de 2012
Hora: 5 a.m.
Sesión: 75

A medida que el invierno daba paso a la primavera, Garnet y yo intensificamos nuestros entrenamientos.

Kananaskis era en junio, y para estar preparados, necesitábamos entrenar de forma muy específica. Eso significaba recorrer senderos más que entrenar la fuerza y animar a Garnet a correr incluso cuando viajaba y tenía que adaptarse a una nueva zona horaria. La buena noticia era que su negocio lo mantenía tan ocupado que había muchos días en los que correr le servía de descanso mental, además de una forma de revitalizarse, despertar su creatividad e inspirarse. Al seguir su objetivo de salud, estaba mejorando su rendimiento laboral. Esto era algo que le recordaba con frecuencia.

Nuestra reunión de ese viernes fue la quinta vez

consecutiva que nos veíamos, lo cual era muy inusual. Normalmente, Garnet viajaba por trabajo al menos una vez a la semana. Este aumento en nuestra agenda fue un buen momento para mí, porque finalmente había centrado mi atención en reorientar mi negocio, con Garnet aconsejándome durante el proceso. Después de pensar sobre absolutamente todo, identifiqué el panorama más amplio de la manera en que quería que las cosas cambiaran.

Aunque el fitness se había transformado en una cultura del bienestar, ese cambio había creado una situación en la que la persona común nunca sabía del todo, ni siquiera en su propia psique, si buscaba la salud o simplemente perder peso. Para mí, ya no bastaba con no conspirar con esa mentalidad. Si no trabajaba activamente para deshacer la vergüenza corporal y el daño creado por esa cultura, no estaba haciendo lo suficiente; sería seguir permitiendo que la cultura del fitness funcionara tal como era.

Con esto en mente, quise transformar el panorama de la cultura de la salud y el bienestar y crear un espacio seguro para el aprendizaje y el crecimiento de mis clientes. Quería encontrar formas atractivas y alternativas de practicar el fitness como una forma de desarrollo personal y crecimiento que también ayudara a las personas a desentrañar sus narrativas personales de vergüenza corporal, culpa y trauma, abrazando el movimiento como una forma de liberación. En mi corazón, creía que ese era el enfoque más saludable que podíamos tener hacia el movimiento físico, cuyos beneficios la investigación científica había demostrado una y otra vez, y quería llegar a la mayor cantidad de personas posible con ese mensaje.

A través de esa reflexión, mi trabajo con Garnet siempre fue un faro de luz, ya que él sabía lo que intentaba hacer y no me dejaba escapar, lo cual era tan estresante como alentador.

La nieve empezaba a derretirse en el sendero del valle de Meewasin, formando grandes charcos de barro que teníamos que esquivar o saltar. Por eso, nuestro camino estaba prácticamente vacío, y la mayoría de los demás corredores optaban por terrenos más llanos y secos.

Garnet no perdió el tiempo. —Bueno —dijo—, ¿qué tal el negocio?

—Bien — le contesté, esperando que cambiara de tema. No tuve suerte.

—¿Qué hiciste anoche para acercarte a tu objetivo?

—Eh... ¿preparar la cena y acostar a mi hijo a tiempo?

—Muy graciosa. Lo digo en serio. No se llega a ningún lado en la vida sin objetivos.

—Sí, pero ¿y el resto de mi vida? No quiero que mis objetivos se cumplan a costa de sacrificar el pasar tiempo con mi familia.

—Bueno, estás en una nueva posición. Hasta hace muy poco, las madres no tenían tantas opciones. Así que, en cierto sentido, necesitas forjar un nuevo camino. Una forma de mantenerte en el buen camino es algo que deberías estar haciendo de todas formas: asegurarte de que tus objetivos sean específicos.

—Creo que sí. Quiero reorientar mi negocio para ayudar a la gente a desaprender los mensajes tóxicos de la cultura de la dieta.

—Esa es tu idea, pero no es un objetivo específico. Te daré un ejemplo. Desde que tenía cuatro o cinco años, quería ser rico. Pero no tenía idea de lo que "rico" implicaba, así que lo cuantifiqué diciendo que quería tener $100,000 dólares y una piscina. Décadas después, cuando comencé con Strategic Coach, aprendí a formalizar ese establecimiento de metas y a elaborar planes a tres años. Eran muy específicos. Entonces, cuando decidí bajar de peso, dije que quería pasar de 136 kilos a 108. Cuando decidí ponerme en mejor forma, tuve que definir qué significaba el fitness para mí, así que me dije que habría alcanzado el nivel que quería cuando pudiera hacer 100 flexiones, 100 abdominales y burpees, y correr una carrera de 10 km. Entonces, la pregunta que debes hacerte es: "¿Quién será Olivia dentro de tres años? ¿Cómo será su día a día? ¿Cuál es su métrica del éxito?"

Me tomé un minuto para visualizar a esta nueva Olivia.

—Bueno —empecé—, me veo dando charlas públicas a gran escala que me llegan al corazón y a la cabeza, y a nivel nacional e internacional.

—¿Qué es 'a gran escala'? Porque eso no es cuantificable. Digamos, ¿treinta charlas al año?

—Ugh…

—¡Sí! Los objetivos deben ser audaces e incómodos.

—Bueno... Entonces, voy a dar charlas en grandes escenarios. Como charlas TED. Digitales o presenciales.

—Cierto. Y a partir de ahí, creas un cronograma y divides esos objetivos en pasos manejables. Ah, y tienes que decírselo a la gente. Pega una nota con esos objetivos en la heladera. Cuéntaselo a quien quiera escucharte. Ayudan con el valor de la honestidad porque no puedes mentir sobre un objetivo; o lo alcanzas o no. ¿Y sabes qué? Si te propones dar treinta charlas al año y solo llegas a veinte, sigue estando bastante bien.

Al llegar a casa, saqué el celular e hice una lista rápida de cómo me gustaría verme en uno o dos años: con más clientes y llenando mis sesiones de mensajes positivos sobre el ejercicio.

Para lograr esos cambios, imaginé que tendría que contactar con mis clientes actuales y, además, hacer networking para captar nuevos. No quería enfrentarme a Garnet sin tener detalles concretos que mostrarle, así que, mientras me servía una taza de té y me sentaba a la mesa del comedor, pensé en las cifras. ¿Qué constituiría un cambio real, pero también realista y que no me agotaría?

Pasé la lista del celular a la notebook; siempre pienso mejor así. Tenía docenas de clientes por aquel entonces, pero ya me imaginaba que no todos estarían dispuestos. Intenté identificar a las personas más abiertas con las que trabajé y escribí sus nombres en un documento en blanco. Se me ocurrieron siete mujeres y tres hombres. Si los convencía, quizás cada uno de ellos me recomendaría a alguien más, lo que podría resultar en otros 10 clientes nuevos.

Diez clientes actuales y 10 clientes nuevos el próximo año. Objetivos específicos. Cerré mi portátil, emocionada por compartir mi plan con Garnet la próxima vez que lo viera.

Cosas Para Pensar Sobre

Establecer Objetivos Específicos

Los objetivos son fundamentales para crecer y superar las creencias limitantes de nuestras familias, pero no funcionan a menos que sean específicos. No podemos hablar en términos generales sobre querer hacer algo. En cambio, debemos asignar números tangibles o pasos concretos a nuestros objetivos para poder seguir nuestro progreso. Y, como escribe Jim Collins en *Good to Great* ("De bueno a excelente"), nuestros objetivos deben ser grandes, ambiciosos y audaces.

Para que quede claro: estos objetivos deben ser tan monumentales que cambien nuestras vidas por completo, cosas que casi nos dé miedo escribir. Por ejemplo, podríamos pensar en un salario anual que nos gustaría ganar, pero que parece inalcanzable; *no lo es*. Una vez escrito, puede convertirse en nuestro objetivo audaz.

Para lograrlo, debemos empezar por trabajar a la inversa:

1. Definir nuestra métrica de éxito: ¿Cómo será nuestra vida cuando hayamos alcanzado nuestra meta? Podemos usar nuestra capacidad de visualización para verlo y sentirlo. También debemos observar lo que experimentamos en nuestro cuerpo al visualizarnos en ese nuevo momento de nuestra vida.

2. Escribirlo: Debemos describir nuestros objetivos con detalle, usando cifras como cantidades exactas y fechas. Si nos interesa publicar un libro, debemos anotar cuántos ejemplares vamos a vender. Si nos interesa construir un negocio, debemos anotar cuántos clientes vamos a conseguir en nuestro primer año.

3. Trabajar a la inversa: Primero, debemos anotar los pasos clave que debemos dar para progresar. Luego, los ponemos en un cronograma y establecemos un sistema para dar seguimiento a cualquier progreso incremental.

4. Decirles a otras personas: Decirles a otras personas sobre nuestros objetivos en voz alta tiene dos propósitos: los hace realidad y nos hace responsables. Se vuelve más difícil posponer nuestros planes una vez que ya los hemos anunciado.

Estaba en Toronto por trabajo cuando recibí la llamada.

Era una tarde soleada, y estaba en el auto, yendo de una reunión a otra, cuando sonó el teléfono. Era mi hermana del medio quien me dio la noticia de que, a los 39 años, nuestra hermana menor había sido encontrada muerta por una sobredosis de pastillas. Además, mi hermana del medio había sido ella misma quien le escribió la prescripción médica que la mató.

Durante la llamada, pasé junto a una empresa financiera que conocía (un pequeño edificio blanco con molduras verdes) cuyos colores se me quedarían grabados para siempre. Desde ese momento, siempre los asociaría con la noticia del suicidio de mi hermana menor.

Estacioné el auto frente a ese edificio, ahora asquerosamente alegre, con ganas de vomitar, pero no tenía tiempo para lidiar con esas emociones. Ya sabía que la responsabilidad de ayudar a mi familia a seguir adelante, en la medida de lo posible, recaería sobre mí. De inmediato, mi mente se puso a trabajar a toda máquina. ¿Cómo iba a volver a casa? ¿Qué tenía que hacer primero? Sin siquiera pensarlo, hice lo que siempre había hecho: enterré el dolor lo más hondo que pude y lo tapé herméticamente.

Poco después, volé de vuelta a mi ciudad natal para intentar recuperarme, pero no sería tan fácil. Al fin y al cabo, era el segundo funeral en mi familia en pocos meses. Apenas seis semanas antes, mi hermano, cuatro años y medio menor que yo, también se había quitado la vida.

La muerte de mi hermano, aunque horrible, no me sorprendió. Siempre había sido salvaje, seguía desenfrenado y fiestero a los 30 años, aun con esposa y tres hijos. Antes de suicidarse, se había estado enfrentando a sanciones por no pagar la manutención de sus hijos. Aun así, había sido el hijo predilecto de nuestra madre. Intenté ayudarlo cuando la situación se estaba desmoronando rápidamente, pero sabía que nada de lo que yo pudiera haber hecho habría evitado el final. La muerte de mi hermana, en cambio, fue inesperada.

Ella había tenido complicaciones desde muy joven, tras haber tenido dificultades en la escuela y, más tarde, para encontrar una pareja estable. Pero a pesar de eso, tiempo después de abandonar la secundaria, regresó para conseguir su diploma y luego una licenciatura en contabilidad. Fue una superviviente, siempre superando cualquier dificultad que se le presentara. Aun así, la atormentaba el dolor: dolor de estómago que le impedía casi digerir la comida, además de fuertes dolores menstruales. Al final, sospeché que no fue solo el dolor físico lo que la llevó a quitarse la vida. Creo que se culpaba a sí misma por la decisión de nuestro hermano de morir.

Todo ese período de dos meses fue un shock insondable, como un puñetazo en la cabeza. Me mantuve en contacto con mis padres lo más posible durante su terrible experiencia, aunque fue profundamente doloroso porque no había nada que pudiera aliviar su agonía. Mi madre empezó a volcarse al juego y a apostar, perdiendo todo el dinero que les quedaba a ella y a mi padre, y siguió jugando hasta su muerte. Mi padre se aferró todavía más a su fe y religión, pero nunca pudo recuperarse; no era algo que tuviera solución. Como mucha gente, mi padre vivió su vida pensando que podía arreglar muchas cosas, pero nadie pudo siquiera empezar a descubrir cómo arreglar lo que acababa de pasar.

Montana's Cookhouse era una parrillada con temática del Oeste situada a pocas manzanas del campus. En mi último año de universidad y después de graduarme, trabajé ahí como mesera, donde hice varios buenos amigos. Montana's Cookhouse también fue donde conocí al hombre que se convertiría en el padre de Keenan. Nuestra relación fue intermitente la mayor parte del tiempo que estuvimos juntos, pero él era una persona amable que me acogió en su vida y familia casi de inmediato. Durante nuestra primera Navidad juntos, me invitó a la casa de sus padres. Al estar tan lejos de mi familia, yo era como un cachorro perdido; cualquiera que me mostrara un afecto significativo era alguien a quien me apegaba al instante.

Como nuestra relación era tan irregular, pensé que terminaría cuando acepté el puesto de consultora de campo en Vancouver. Pero después de unos meses en Columbia Británica, me sentía sola. Hice nuevos amigos en el trabajo, pero no fue suficiente para evitar que aceptara cuando él me preguntó si podía mudarse conmigo. Siempre había querido irse de Saskatoon, de donde era y donde aún vivía su familia, y mi estancia en Vancouver le dio la excusa que necesitaba.

Las cosas no mejoraron entre nosotros con su llegada. Durante un año y medio, seguimos yendo y viniendo, subiendo y bajando. A veces incluso dormíamos separados. Pero un día, todo cambió.

Estuve sintiéndome mal por unas semanas durante el otoño, pero lo atribuí a un resfriado o a una alergia, ya que el frío se estaba acentuando. Pero cuando no me sentí mejor y de repente empecé también a tener náuseas por las mañanas, me hice una prueba de embarazo.

Salió positiva.

Decir que me quedé en shock sería quedarse corto. Desde mi trastorno alimenticio, mis ciclos menstruales habían sido completamente impredecibles y, a decir verdad, inconscientemente pensé que había arruinado mi cuerpo lo suficiente como para que nunca pudiera quedar embarazada. Probablemente fue esa forma de pensar la que me llevó a arriesgarme a quedar embarazada en primer lugar, porque no sabía que estuviera arriesgando nada.

Mi pareja quería que abortara y lo consideré. Pero le agradezco al universo una conversación que tuve un día con una compañera de trabajo. Ella era madre de tres hijos y estábamos yendo juntas a ver a una clienta. Ella iba al volante y, mientras le explicaba la decisión que tenía ante mí, se giró hacia mí y me dijo: "Olivia, nadie se arrepiente de tener un bebé".

Claro, sé que no es del todo cierto, pero en ese momento era lo que necesitaba oír. Me liberó de la vergüenza que sentía por el embarazo no planeado y del sentimiento de fracaso por no haber hecho de mi primer trabajo un gran avance en mi vida. Se lo dije a mi pareja y, para su crédito, me apoyó.

Juntos, tiramos para adelante.

El precio de la guardería fue un shock, casi tanto como el propio embarazo.

Después de tener a Keenan, me tomé la baja por maternidad durante lo que pensé que serían unos meses. Pero cuanto más buscaba, más me desanimaba y me entraba el pánico. La mayoría de las guarderías no aceptaban niños menores de un año y medio, e incluso esas cobraban casi 1500 dólares al mes. Era dinero que no teníamos, así que aceptamos a regañadientes la realidad de que tendríamos que volver a Saskatoon para estar más cerca de la única familia que teníamos: los padres de mi pareja.

Para ser sinceros, eran personas amables y maravillosas. La madre de mi pareja se ofreció de inmediato a ayudarme, y mi pareja fue un padre estupendo desde el primer día, pasando todo el tiempo que podía con

Keenan y cumpliendo con todas las tareas de crianza. Aun así, no podíamos depender de ellos para siempre. Quería, y necesitaba, volver a trabajar. El impulso interno que me llevó a dejar Inglaterra y llegar a Canadá, a través del sistema educativo canadiense, y a conseguir un buen trabajo en Vancouver, no había desaparecido. Nunca quise ser una madre ama de casa; era una persona extrovertida que prosperaba entre la gente. Así que, después de enviar varias solicitudes, conseguí un trabajo en el ayuntamiento como Gerente de Programas en el centro de ocio local. Era un trabajo estupendo, con sueldo fijo, seguro médico y buenas prestaciones, y me permitiría pagar una pensión si me quedaba hasta la jubilación. Era el tipo de trabajo por el que algunos habrían matado.

El único problema era que yo no era una de esas personas.

Si no estaba segura ya de que no encajaba en entornos burocráticos, lo terminé de confirmar a los pocos meses de conseguir ese trabajo en el ayuntamiento. Odiaba los horarios tan ajustados, fichar al entrar y salir como un robot, sintiendo que lo único que me esperaba eran pequeños aumentos de sueldo y la misma rutina, día tras día, durante el resto de mi vida laboral.

Mientras intentaba decidir mi próximo paso, empecé un pequeño negocio. Una conocida, enfermera, había abierto un pequeño estudio de entrenamiento personal cerca, y empecé a llevar clientes allí. Era mediados de la década de 2000, cuando el entrenamiento personal se estaba popularizando. TLC emitía programas como The Biggest Loser (que ahora sabemos que es extremadamente problemático) y cualquiera con recursos estaba repentinamente interesado en entrenamientos 1 a 1. Sabía cómo estructurar una sesión de entrenamiento gracias al programa que había completado para mi título, así como a mi experiencia como atleta, así que la parte relacional del entrenamiento personal me resultó natural. Sentía una genuina curiosidad por la gente, y como sabía cuánto me ayudaba el ejercicio a sentirme mejor, sinceramente quería ayudar a otros a encontrar ese bienestar.

Empecé a conseguir clientes por recomendación y pronto descubrí que entrenaba a todo un grupo de amigos o familiares gracias a esas recomendaciones. Mi camino se estaba aclarando. Una vez que tuve suficientes clientes, dejé a la enfermera y abrí mi propio estudio. Compré equipo para tener un pequeño gimnasio y una casa, y trabajé con clientes al aire libre y en gimnasios dentro de sus edificios. Debido al coste del entrenamiento personal, la mayoría de mis clientes eran personas con altos ingresos que me recomendaban a otras personas con altos ingresos. Desarrollé una especialidad trabajando con directores ejecutivos que tenían necesidades específicas basadas en sus horarios, planes de viaje e incluso en la forma en que se sentaban y se movían a lo largo del día.

Fue en la cima de mi carrera cuando recibí una llamada de una amiga sobre un hombre con el que estaba trabajando llamado Garnet. Me dijo que era un gran cliente y una persona amable, pero que reprogramó más de lo que ella podía acomodar. Como no me importaba tener que reprogramar horarios, acepté tomarlo.

7. Disconfort: Si No Estás Incómodo, No Estás Creciendo

"Independientemente de cómo se exprese, la energía emocional detrás de la esperanza es: 'Todo va a estar bien'".

—Charles Eisenstein

Fecha: 18 de Abril de 2012
Hora: 5 a.m.
Sesión: 81

La sala de espera del Hospital Infantil Stollery de Edmonton estaba decorada con mesas, sillas y juguetes coloridos, pensados para los cientos de niños que atendía a diario. Intenté hojear una revista que algún alma considerada había dejado en una mesita auxiliar, pero no hubiera podido concentrarme ni aunque hubiera tenido pruebas de que extraterrestres acababan de aterrizar en mi patio trasero.

Justo al final del pasillo Al mismo tiempo, los médicos determinaban si era candidato para el procedimiento de doble cambio que revertiría la afección cardíaca que padecía desde su nacimiento.

El hospital era el mejor de todo el oeste de Canadá. Sus cirujanos eran especialistas de alto nivel que realizaban estos complejos procedimientos día tras día. Para llegar hasta ahí, habíamos conducido cinco horas, y tuve que reorganizar mi vida. Llamé a todos mis clientes, les reprogramé las citas y cancelé mis clases de Pilates durante dos semanas. Estaba sola con mis pensamientos, y no era agradable

Justo entonces, un médico apareció en la puerta. "—¿La mamá? —me preguntó.

—Sí.

—Ya terminó y va camino a la recuperación. Le fue genial. Me gustaría darte los resultados de la cirugía, si estás bien para eso.

Me preparé. —De acuerdo —dije, agarrándome a los lados de la silla—. Sí. Por favor, dámelos.

—Lamento decirte que no es candidato para el doble cambio. Tiene una válvula aórtica defectuosa y sería demasiado arriesgado.

—¿Podrá ser candidato alguna vez? ¿Podría darse con el tiempo?

—No. Lo siento mucho.

Se me rompió el corazón. Había intentado con todas mis fuerzas no hacerme ilusiones, pero reprimir por completo mi deseo de que la condición de Keenan fuera posible de corregir para que pudiera vivir su infancia como los demás niños había resultado imposible. Contuve un sollozo.

—De acuerdo. Gracias. De todas formas, te estoy muy agradecida.

Sonrió. —¿Te gustaría venir a sentarte con él?

—Sí.

Al ver a Keenan, quise ser valiente y decirle que todo estaba bien y que no tenía nada de qué preocuparse. La verdad es que no fue tan difícil. Ya fuera porque mi mente me protegía de miedos futuros o porque la energía de madre osa me hacía creer falsamente que podía proteger a mi hijo de cualquier cosa, en ese momento, simplemente agradecí que, en el futuro previsible, Keenan iba a seguir siendo él mismo: un niño amable y adorable, una bendición inesperada en mi vida.

Dos semanas después, estábamos de vuelta en Saskatoon. La cirugía había afectado gravemente el cuerpo de Keenan. En los niños, colocar un marcapasos implica romper la caja torácica, por lo que su recuperación fue lenta.

Aun así, tenía esperanzas. No necesitaba que Keenan fuera un atleta profesional ni que estuviera tan interesado en el fitness como yo, pero me mataba pensar que perdería oportunidades de jugar con otros niños porque le tocaba quedarse en la banca. Los niños pequeños socializan a través de la actividad física, y ya lo había visto perderse partidos de fútbol improvisados y carreras en el parque.

A largo plazo, me preocupaba su salud. Sabía que muchas personas con afecciones cardíacas que les impedían la actividad física podían desarrollar un miedo comprensible a realizar cualquier tipo de movimiento desafiante, y que esos miedos podían, a su vez, derivar en enfermedades secundarias como diabetes u obesidad. Esperaba desesperadamente que el marcapasos le permitiera empezar a participar en más actividades sociales, conocer nuevos amigos y cuidar su salud cuando fuera un adulto. Tampoco sabía cómo iba a gestionar mi horario de ahora en adelante. Seguía trabajando hasta 10 u 11 horas al día y no podía permitirme recortar horas, pero necesitaba estar disponible para Keenan durante su recuperación.

Incluso el trabajar con Garnet, por mucho que disfrutara de nuestro tiempo juntos, sería difícil de encajar. Como principal sostén de la familia, necesitaba encontrar la manera de ganar más dinero, trabajar menos horas o, idealmente, que ambas cosas sucedieran juntas. Esto me hizo reencontrarme con la idea de reestructurar mi negocio, algo en lo que había estado evitando pensar.

Desde que hice mi lista de objetivos, intenté presentar mi idea a algunos clientes. Pensé que sería fácil de vender. Ya teníamos buena relación, y la verdad era que lo que quería hacer (incorporar más intencionalmente su salud mental a nuestros entrenamientos físicos) era algo que ya hacíamos juntos. Inevitablemente, a medida que fui conociendo a mis clientes, me convertí en su terapeuta de facto. A menudo resolvían sus problemas conmigo durante las sesiones. Hay ciencia detrás de este fenómeno: unos 20 minutos después de entrenar, nuestras defensas comienzan a bajar a medida que nuestros cuerpos y mentes se sienten mejor y se relajan. Lo supieran o no mis clientes, era lo que hacía que nuestras sesiones fueran especiales y lo que hacía que su tiempo conmigo fuera productivo. Rara vez se los señalé, pero una vez que lo hice, tuve la certeza de que estarían dispuestos a explorar ese aspecto más a fondo conmigo.

Me equivoqué. Los clientes con los que hablé se mostraron muy entusiasmados con mi idea, pero no para ellos mismos. Uno o dos incluso se negaron a hablarme de sus problemas, como si hubieran olvidado lo vulnerables que se habían permitido ser alguna que otra vez antes.

Sabía con quién necesitaba hablar.

Mi siguiente sesión con Garnet fue en un día soleado y maravilloso. La parte más fría del invierno de Saskatchewan comenzaba a derretirse, y no perdí tiempo en ir al grano. Con nuestro aliento visible en el aire y el sol brillando sobre la nieve, dejé que mi frustración se desatara. Le conté a Garnet las barreras con las que me había chocado, que no sabía qué hacer, que necesitaba un cambio drástico y que, de alguna manera, ese sería el camino que me permitiría estar ahí para mi hijo.

Siempre empático, Garnet escuchó pacientemente.

—Entonces —dije sollozando—, ¿qué crees que tengo que hacer?

Garnet guardó silencio un momento mientras mis palabras flotaban en el aire. Sabía que estaba pidiendo demasiado.

Probablemente soné ridícula. Estaba a punto de caer en una espiral de vulnerabilidad y vergüenza cuando Garnet interrumpió mis pensamientos.

—Nunca deja de sorprenderme la madre tan maravillosa que eres —dijo. No era lo que esperaba.

—¿Qué quieres decir? —le pregunté.

—Reorganizaste toda tu vida para llevar a Keenan a ese hospital. Ahora, en lugar de dejar que el esfuerzo que requiere cuidarlo te arrastre a una depresión, ya estás pensando en cómo puedes cambiar tu vida por completo para asumir la responsabilidad.

—Bueno, claro. ¿Qué otra cosa haría?

—Lo sé. Simplemente no es la madre que yo tuve.

Guardé silencio. Sabía que era cierto, y me entristeció mucho por él.

Como si pudiera leerme la mente, dijo: —No tienes que estar triste por mí. Era solo una observación. Ahora. ¿Qué deberías hacer? Bueno, nada que no hayas hecho ya.

—No sé a qué te refieres.

—Cuando llamaste a tus clientes para decirles que tenías que reprogramar las sesiones, sé lo duro que debe haber sido. Odias decepcionar a la gente; va en contra de todo lo que crees. Pero tenías algo más importante que atender, así que te permitiste sentir esa incomodidad y lo hiciste de todos modos. Eso es lo que tienes que hacer con tu negocio.

—¿Llamar y cancelarle a mis clientes actuales?

La idea me dio ganas de vomitar.

—No. Sal de tu zona de confort. Las metas que te planteaste no eran lo suficientemente grandes. No se puede alcanzar el siguiente nivel de éxito sin experimentar incomodidad. Ahí es donde se produce el crecimiento.

Esta era una nueva forma de ver las cosas. Siempre me imaginé que alcanzar un nuevo nivel con mi negocio me haría sentir bien en el camino; tal vez habría algunos baches, pero en general el viaje sería gratificante.

Se lo dije a Garnet, y me di cuenta de que contuvo la risa.

—Esa no fue mi experiencia. Todo lo contrario. Cuando me esfuerzo por lograr algo nuevo, me despierto todos los días con náuseas. Esa incomodidad que experimento es una constante. Pero la gran coach que me aconsejó desde la perspectiva budista dijo que, cuando te sientes así, te tienes que decir tú misma: "Ah, ahí está esa incomodidad otra vez. Qué maravilloso, porque esta es la incomodidad que suele preceder al éxito". Así que la reconoces y te haces cargo, porque si no te sientes incómodo, no estás saliendo de tu pequeña burbuja. Por eso necesitas tomar esas metas y hacerlas más grandes, hasta que casi no puedas soportar mirarlas.

Troté en silencio por un momento. Algo dentro de mí se sentía extraño, como si una roca de mucho tiempo hubiera sido apartada para revelar un trozo de tierra muy vulnerable. Quería recuperarla, pero sabía que Garnet tenía razón. No me había esforzado lo suficiente; me había quedado en mi zona de confort, con mis clientes actuales, y luego intenté rendirme tras un solo intento de cambio. Me recordó algo que ya sabía sobre el esfuerzo físico.

—¿Sabes, Garnet? Hay un gran paralelismo en la psicología deportiva —dije—. Hay mucha evidencia que demuestra que llevar a las personas a una zona de incomodidad cuando hacen ejercicio se traduce en algo llamado 'resiliencia al estrés'.

—Me gusta ese nombre: la Zona de Disconfort —dijo—.

Tenemos que elegir atravesarla y creer que finalmente llegaremos a la otra cara. Primero la incomodidad, luego el logro.

—Eso significa que tenemos que entrenar nuestra mente para percibir la incomodidad como algo positivo en lugar de como un fracaso o una duda —completé.

—Sí. En lugar de llamar fracaso a algo que hiciste, dices que aún no es un éxito.

—Cuando te exiges así, ¿dónde sientes la incomodidad en el cuerpo?

—Bueno, como te dije, a menudo siento náuseas. A veces también tengo pensamientos acelerados o me sudan las manos.

—Supongo que también es importante saber cuándo estás en la Zona de Disconfort porque te enfrentas a una creencia limitante y cuándo estás ahí porque tu cuerpo te está dando una señal de advertencia.

—Es cierto. Y no siempre he sido muy bueno prestando atención a las señales de advertencia.

—Si pienso como padre, quiero que mis hijos sepan la diferencia. Si algo parece peligroso, no es una situación que se pueda superar a la fuerza. La incomodidad productiva es la que sientes cuando estás nervioso/a por si tendrás éxito o no en algo en lo que crees.

—Bueno, como dije, eres una gran madre. Y la buena noticia es que la práctica se vuelve más fácil con el tiempo. Poco a poco aprendes a tolerar la incomodidad y a recordarte a ti mismo/a que es un paso necesario en el camino hacia el crecimiento

———

Al día siguiente, tuve una hora libre cuando mi pareja llevó a mi hijo al parque. Decidí aprovecharla. Sin mirar la lista que había hecho la semana anterior —que al parecer no era lo suficientemente específica—, agarré un trozo de papel que estaba en la encimera de la cocina y, antes de que mi crítica interior apareciera, garabateé una lista de objetivos lo más rápido que pude:

METAS—Plan a Tres Años
30 charlas al año. Dos charlas TED.
100 nuevos clientes individuales.
100.000 suscriptores o seguidores digitales.
$250.000 anuales.

Dejé el bolígrafo y me quedé mirando lo que había escrito. Ni siquiera estaba segura de dónde había salido. ¿Quién me creía, aspirando a ganar un cuarto de millón de dólares al año? ¿Y por qué a 100.000 personas les importaría lo que yo tuviera para decir? Para mi sorpresa, empecé a sentirme mareada y se me revolvió el estómago. Me imaginé subiendo al escenario para dar una charla TED y... ¿Y si no había nadie en el público? ¿Y si se reían de mí al subir al escenario? ¿Y si... vomitaba, como ya sentía que iba a vomitar solo con mirar la lista?

Oh.

Esta era exactamente la sensación que Garnet describía. Audaz, tan audaz que casi me daban náuseas. Lo que realmente quería hacer era arrugar la lista, tirarla a la basura y seguir con mis asuntos de siempre.

En cambio, con el pulso acelerado, la arranqué de mi cuaderno y la pegué en la heladera. A la mañana siguiente, Keenan me sorprendió al venir él solo a la cocina a desayunar. Cuando entró para abrazarme, señaló la lista.

—Mami, ¿qué es eso? —me preguntó.

¿Iba a hacerme responsable frente a mi hijo? No me haría daño.

—Esos son mis objetivos para los próximos tres años —le conté—. Eso es lo que quiero lograr para mejorar la situación de nuestra familia y de mi trabajo.

Keenan me miró con los ojos muy abiertos. —¡Tú puedes, mami! —me alentó. No pude evitar sonreír. Quizás mi pequeño tenía razón

.

Cosas Para Pensar Sobre

Encontrar Comodidad en la Zona de Disconfort

Cambiar es difícil para todos. Nuestros cuerpos se rebelan contra él y nuestras mentes nos dicen que no podremos avanzar. Aun así, debemos recordar que esta incomodidad es natural, necesaria e inevitable para el crecimiento.

Ya hemos hablado de escribir nuestras metas, y deberíamos usar esa práctica también aquí. De nuevo, debemos hacerlas grandes, contundentes y audaces. Al hacerlo, podemos permitir que nuestro cuerpo se rebele como quiera. Esa es la incomodidad, y es esperable; entonces, ¿cómo podemos superarla? Te dejamos algunos pasos que podemos seguir:

1. **Prepararte.** Con una preparación meticulosa, no tendremos que improvisar, lo cual puede aumentar nuestra ansiedad e impedirnos tomar las medidas necesarias.

2. **Actúa constantemente.** Cuando estamos realmente enfocados en una meta, no deberíamos dejar pasar un día sin realizar alguna acción que nos acerque un paso más a ella.

3. Ignora a quienes te critican. La gente dudará de nuestra capacidad para alcanzar nuestras metas de manera implícita y explícita, y a veces estas personas serán nuestros propios amigos y familiares. Será doloroso, pero debemos comprender que otros lo hacen desde el miedo o desde el amor. Debemos mantenernos firmes.

4. Acepta los errores. La gente tiene éxito sin cometer muchos errores en el camino. Nuestro objetivo no debería ser evitar los errores por completo, sino aprender de ellos y perfeccionar nuestros procesos con lo aprendido antes de volver a actuar. Debemos minimizar el tiempo que dedicamos a la autocompasión. Recuerda: nuestros errores no son fracasos. Simplemente aún no son éxitos completos

Poder ver, conocer y escuchar plenamente a un cliente es y ha sido lo que más disfruto de mi trabajo. La vulnerabilidad, las historias, las aspiraciones y las emociones compartidas durante nuestro tiempo juntos son mutuamente gratificantes y dan origen a una experiencia transformadora en la que el cliente comienza a verse a sí mismo como alguien fuerte, capaz de lograr cosas físicas —y, a su vez, mentales— que antes no creía poder.

Una de las maneras en que he comprendido a los clientes en esas sesiones ha sido escuchando sus historias sobre sus familias de origen. Siempre que alguien me preguntaba si tenía un hermano, decía: "Crecí con una hermana, Cassie, pero falleció hace mucho tiempo". Normalmente, la gente no sabía qué decir, pero a pesar de su incomodidad, casi siempre preguntaban cómo murió.

Siempre les he respondido con sinceridad: "Cassie se quitó la vida". A menudo, en esos momentos, la gente se encoge. Sienten vergüenza de haber preguntado y les preocupa que su necesidad de saber me haya causado dolor, que su tan humana curiosidad natural me haya causado problemas. Pero ya lo he aceptado y lo sigo haciendo hasta el día de hoy. No siento ningún estigma al respecto, y la tristeza que me produce hablar de ella cada tanto suele ser mínima.

Después de trabajar juntos un tiempo, Garnet y yo descubrimos que compartíamos este tipo de tragedia en nuestros orígenes. No recuerdo los detalles, pero probablemente fue el motivo de mi pregunta sobre su familia. Para muchas personas que han compartido una pérdida, esto puede haber derivado en recibir una empatía momentánea o que se generara una breve incomodidad en la conversación, pero para Garnet y para mí, creó una conexión. De repente, ambos sentíamos lo mismo: te conozco, te veo y te escucho.

Reconocimos una resiliencia mutua, junto con la compasión por el sufrimiento profundo de los demás. Surgió una confianza al exponer las partes más vulnerables de nuestro ser emocional. Para ambos, esa confianza se convirtió en la cuna de un verdadero sentido de pertenencia.

Dado lo que hacíamos juntos (correr bajo el frío gélido a las 5 de la mañana mientras la mayoría de la gente cuerda aún estaba cómoda en sus camas) también pudimos ver en el otro esa capacidad de superación. Estábamos decididos a ser esos que no habían sucumbido a las dificultades que habían enfrentado. En cambio, queríamos ser los catalizadores del cambio.

Estaba embarazada de mi segundo hijo cuando descubrí el concepto de autocompasión en una clase online de psicología conductual. La autocompasión es una noción sobre perdonarse por las cosas que uno siente que no han ido bien en la vida y comprender que, cuando uno sufre un golpe, en lugar de empeorarlo castigándose, se puede encontrar amabilidad para con uno mismo en esos momentos. Esto fue algo con lo que luché muchísimo, así que, como siempre que me entusiasmaba una nueva idea, me lancé a fondo. Compré libros de Kristin Neff, la investigadora líder en el campo de la autocompasión, y estudié todo lo que pude sobre el tema.

Pero a los seis meses de embarazo, algo salió mal. Aunque quizá nunca sepa por qué, empecé a sangrar y me llevaron de urgencia al hospital. En dos horas, había perdido el embarazo.

Con ese tiempo de gestación tan avanzado, ya le había comprado ropa nueva al bebé y me había tomado tiempo libre en el trabajo. Ya había cambiado mi forma de verme en el mundo: iba a ser una persona con otro bebé. Ahora, mi corazón estaba destrozado y me hundí en un mundo de profundo dolor.

Después de lo sucedido, no podía simplemente volver al trabajo y a la vida y fingir que todo seguía igual. Necesitaba una nueva trayectoria, algo, cualquier cosa, *que me llevara en otra dirección. Finalmente, decidí volver a estudiar para obtener mi maestría.*

Mi primera parada fue visitar a un supervisor que había impartido clases en mi programa de honores cuando cursaba la licenciatura. Le pregunté si me supervisaría durante mis estudios de posgrado y respondió que sí.

Luego añadió: —Mi principal área de investigación es la autocompasión. ¿Has oído hablar de eso?

En mis conversaciones con Olivia, surgió una historia que suelo compartir cuando hablo de lo que se necesita para que las personas cambien: un hombre estaba de excursión por el bosque y oyó a un perro aullar. Caminó hacia el sonido y llegó a un claro. El perro estaba tumbado en la terraza de una casa y había un anciano en una mecedora.

El excursionista se acerca al anciano y le dice: "Tu perro está ladrando. Lo oí desde allá. Obviamente le duele".

Y el anciano responde: "Sí".

Así que el excursionista pregunta: "¿Por qué tiene dolor?".

"Porque está tumbado sobre un clavo", responde el anciano.

"¿Por qué no se mueve de ahí entonces?", pregunta el excursionista.

"Bueno", dice el anciano, "supongo que todavía no le duele lo suficiente".

8. Resiliencia: Fracasa Fuerte y Luego Levántate del Suelo

"Si nunca hubiera amado, nunca habría llorado. Soy una roca, soy una isla..."

— "I Am a Rock," Simon and Garfunkel

Fecha: 23 de Mayo de 2012
Hora: 5 a.m.
Sesión: 89

Mi alarma sonó a las 4 de la mañana y, como de costumbre, me desperté, me vestí sin hacer ruido y bajé a prepararme el café.

Pero esta mañana, como todas las mañanas del último mes, fui a ver cómo estaba Keenan antes de hacer nada más.

Se recuperaba bien de la cirugía, pero era lenta. Aun así, y aunque ver a mi hijo pasar por un procedimiento tan invasivo había puesto a prueba mi compostura y mi sistema nervioso más de lo que jamás dejé ver, era profundamente optimista sobre lo que significaba para su capacidad de moverse con mayor libertad. Ya había estado probando los límites de lo que podía hacer, incluso con los moretones y los huesos aún en proceso de recuperación.

Sin embargo, no tuve tiempo de pararme a pensarlo mucho, porque nada de lo que estábamos atravesando impedía que la vida siguiera su curso. Después de taparlo bien con las sábanas y dejarlo durmiendo profundamente en su habitación, me dirigí a la casa de Garnet. Tenía preparado un entrenamiento que lo llevaría al máximo de su rendimiento, tal como yo también lo había estado haciendo últimamente.

Desde nuestras conversaciones sobre la Zona de Disconfort, me había propuesto hacer todo lo posible para alcanzar mis metas. Eso significaba realizar pequeñas acciones para alcanzarlas cada día, y eso fue precisamente lo que hice. Primero, refiné mi mensaje a una simple línea: *Soy el mejor recurso disponible para mujeres que buscan superar creencias limitantes internas y externas a través de talleres guiados que desmantelan los mensajes externos y fomentan el autodescubrimiento.*

Después, contacté a todas mis clientas y les pedí recomendaciones. Y empecé a escribir charlas para dar a grupos pequeños y así ascender a presentaciones más grandes en escenarios más grandes.

Pero en lugar de guiarme hacia el siguiente nivel de éxito, no conseguía a nadie que me las aceptara. Mi nuevo enfoque para presentarles a las clientas consistía en hablar abiertamente sobre algo que suele ocurrir en las sesiones de entrenamiento personal de forma natural: las clientas utilizándome como terapeuta. Y lo digo en el mejor sentido: me encanta hablar con la gente y ayudarlos a superar barreras, así como a abordar los problemas psicológicos que inevitablemente obstaculizan el crecimiento personal. Mi esperanza era que pudiéramos incorporar deliberadamente ese elemento de nuestro trabajo (el elemento tácito) en nuestro tiempo juntos. Vi esto como una potencial revolución del fitness al reconocer abiertamente que es una conexión mente-cuerpo, y que la salud física y la salud mental no existen en planos separados.

Pero cuando les planteé la idea a mis clientes, la mayoría dijo que prefería mantener su salud mental y física separadas, a pesar de que ya estaban, inextricablemente, entrelazadas.

Este descubrimiento me dejó atónita. De repente, me di cuenta de que había estado pensando en esta idea con tanta frecuencia y durante más tiempo del que tiene la mayoría de la gente, que lo que les sugería apenas tenía sentido, y mucho menos los convencía de una nueva forma de trabajar juntos. Mientras hablaba con un cliente tras otro para confirmarlo, me di cuenta en tiempo real de que no estaban tan lejos en este continuo como yo.

Escuchar todos esos comentarios tuvo dos efectos en mí. Uno fue que me pregunté si me había engañado a mí misma al pensar que tenía algo nuevo y valioso que ofrecer. El otro fue que me di cuenta de que si seguía creyendo en lo que quería ofrecer a los clientes (y así era), iba a necesitar mejorar mi educación o ser más clara con mis mensajes.

Estaba tan absorta en estas ideas que planeé lanzarme a ellas en cuanto Garnet y yo encontráramos nuestro ritmo al correr. Pero cuando lo vi en la puerta, me di cuenta de que algo no estaba bien. Estaba frío y solo respondía a mis intentos de conversación con monosílabos.

—Garnet —dije finalmente, después de 15 minutos de trotar en silencio—, ¿te preocupa algo?

—Perdí un cliente importante el fin de semana, y la culpa es mía —respondió.

Estaba sorprendida. Había pasado tanto tiempo hablando con él de mi negocio que olvidé que él tenía el suyo. Y como ya tenía tanto éxito, me di cuenta en ese momento de que había dado por sentado que ya no cometía errores, al menos no graves.

—Lo siento mucho, —dije—. Eso realmente… es jodido.

Ojalá se me ocurriera algo más elocuente, pero fue lo mejor que pude hacer.

Para mi sorpresa, Garnet soltó una risita. —Sí, es jodido —dijo—. Tienes razón.

—¿Quieres hablar de eso?

—No en detalle, pero te diré que era un cliente importante que habría generado millones para la empresa.

—¿Cómo los perdiste?

—Me puse firme y perdí. Normalmente soy muy colaborador cuando conozco a un cliente potencial, pero esta vez me confié demasiado y fui inflexible en las negociaciones, y no funcionó.

—¡Uh, amigo! Debe sentirse horrible.

—Sí. Pero no es la primera vez que pasa, ni será la última.

—¿Qué vas a hacer?

—Voy a levantarme del suelo y seguir intentándolo.

Tuve que reírme. —Garnet, creo que acabo de responder a mi propia pregunta.

—¿Ah, sí? ¿Cómo?

—Iba a decirte que había empezado a sentirme un fracaso. He estado intentando presentar mi nuevo enfoque de negocio a mis clientes actuales y nadie me ha aceptado, y no sé qué hacer ahora.

—Ah. Bueno, entonces sí, creo que sí. El fracaso es parte del proceso de intentarlo. Si no has fracasado, probablemente no te has esforzado al máximo. Y siempre deberías aspirar a dar lo mejor de ti, no a tu quinta mejor versión. Pero, te pregunto, como eres la profesional, ¿qué me sugieres hacer para volver a la cima?

No estaba acostumbrada a recibir este tipo de preguntas, pero de inmediato me vino a la mente una idea.

—Bueno, esto me recuerda mucho a mi trabajo con la autocompasión, y lo que les decimos a las personas es que se introspeccionen y se hablen con amabilidad en esos momentos. Las investigaciones han demostrado que lo más común que las personas se dicen a sí mismas, y lo que realmente las hace sentir mejor, es: 'Estoy bien, lo tengo todo bajo control, estoy perfectamente bien'. Es tan simple, pero tan universalmente reconfortante para todos.

—Voy a desafiarte en eso, Olivia, porque decir "estoy bien" puede ser cierto, pero he decepcionado a mi equipo. Necesito decir "estoy bien" y luego analizar qué me impulsó a hacer lo que hice, comprenderlo y asumir la responsabilidad con mis empleados y socios. ¿Por qué fracasé realmente? ¿Qué aspectos de mí mismo, de la situación, no estoy preparado para analizar? Tengo que afrontar la realidad. Esto se remonta a lo que hablamos hace meses: hacer lo que prometes y vivir en consonancia con tus valores fundamentales.

—Bueno, sí, pero asegúrate de darte un momento para sentir realmente esa sensación de "estoy bien". De lo contrario, solo te estás castigando. Buda lo llama la segunda flecha. Te dieron con una flecha cuando fallaste, pero si luego eres muy duro contigo mismo, es como dispararte con otra flecha tan dolorosa como la primera.

—Entonces, ¿cómo evitas eso?

—Queremos aceptar plenamente el dolor de la primera flecha, hablarnos con amabilidad y luego dar los pasos necesarios para avanzar.

—Puedo replantearlo. Se trata de comprender qué está sin hacer o qué queda por hacer. Entonces, ¿qué es lo que todavía puedo hacer? Eso es en lo que pienso todo el tiempo. En tu caso, parece que tiene que ver con continuar educando a tus clientes.

—Entonces, ¿qué te motiva a levantarte del suelo?

—Bueno, algo que hago es recordarme que hay mucho más por hacer. Hay muchísima gente a la que podría ayudar. Y si renuncio ahora, estaría decepcionando a todos ellos.

—¿Qué más?

—Me permito sentir el dolor. Es decir, cuando tengo un problema, cuando he hecho algo mal o cometido un error (algo que nos pasa a todos, por cierto) me duele. No lo finjo, no lo aparto ni lo adormezco con drogas, alcohol, compras, comida, lo que sea. Me permito sentir el dolor de esa primera flecha.

—Claro, sí. Porque si no te permites sentir el dolor, casi puedes excusarte de atender el problema. Entonces pasará el tiempo y nunca lo habrás enfrentado. Para tener la energía para afrontarlo, tienes que permitirte experimentar realmente lo horrible que es.

—Y eso no es fácil.

—No, no lo es. Y si de verdad quieres desafiarte a ti mismo, puedes decidir no compadecerte de ti mismo durante este proceso.

—¡Es mucho pedir!

—Bueno, pero compadecerse de uno mismo hace que sea demasiado fácil buscar excusas para no volver a intentarlo. Piensa en lo que tú y yo ya hemos superado, Olivia. Suicidios familiares. Abuso sexual. Nos recuperamos de esas experiencias. No fue fácil, pero lo logramos. Si pudimos con eso, podemos con cualquier cosa. Tienes que recordar lo que ya has superado.

Me quedé en silencio un momento mientras asimilaba aquello, y descubrí que mi mente volvía a Keenan. Allí estaba este niño pequeño, superando ya tanto. Quería que recordara ese momento, aunque no lo recordara con exactitud, y que supiera lo fuerte que era, lo que era capaz de sobrevivir y cómo logró salir adelante. Para que pudiera hacerlo, tenía que ser su ejemplo.

—En el trabajo de autocompasión, esto tiene mucho que ver con creer que eres completamente digno, capaz y amado, incluyendo las partes de ti que percibes como defectos e imperfecciones —dije—. Si creo que eso es cierto, entonces puedo exponerme a un defecto sobre mí mismo, porque no cambia mi valor.

—El fracaso no es personal —dijo Garnet—. Es parte del crecimiento

Cosas Para Pensar Sobre

Fracasar y Levantarse del Suelo de Nuevo

No hay éxito sin fracaso.

Por lo tanto, cuanto antes aceptemos el fracaso como parte de nuestro proceso, antes estaremos preparados para avanzar con valentía e información.

Aunque inevitablemente nos topemos con obstáculos en el camino y nos sintamos desanimados, no tenemos por qué quedarnos ahí. Cuando eso suceda, todavía podemos tomar medidas para retomar el rumbo:

1. **Reconocer nuestros sentimientos:** Tras reconocer que no llegamos adonde queríamos o que no alcanzamos una meta, deberíamos afrontar esa decepción por un momento, pero recordando lo lejos que hemos llegado.

2. **Autoconsuelo:** Una vez que nuestra decepción se haya aliviado, deberíamos recordarnos que todo va a ir bien, *porque así es*.

3. **Identificar cualquier error:** ¿Fuimos fieles a nuestros valores? ¿Hicimos lo mejor que pudimos? ¿Hubo algo que podríamos haber hecho de forma diferente, ahora que

tenemos la ventaja de la retrospectiva? En particular, ¿fuimos humildes?

4. **Identificar los próximos pasos:** ¿Qué acciones positivas podemos tomar? Estas podrían incluir un enfoque diferente, buscar un coach o profesor o simplemente llamar a alguien que haya tenido una experiencia similar y pedirle consejo.

Era una mañana preciosa, y Garnet y yo disfrutábamos de la tranquilidad del sendero. Le explicaba esa sensación que me producían los clientes, que a menudo compartían tanto de sí mismos y me dejaban entrar en sus vidas personales que me parecía que nos habíamos hecho amigos.

—Pero lo que siempre pasa —dije mientras trotábamos—, es que les compro algo para un aniversario o una ocasión importante, o le compro algo a su hijo para su cumpleaños, y a veces me siento un poco tonta por haber pensado que la relación era quizás un poco más profunda de lo que realmente era.

Sin dudarlo, Garnet respondió: —Bueno, eres su empleado.

Sus palabras me dieron un puñetazo en el estómago. Para entonces, llevábamos más de medio año trabajando juntos. Llevaba a Keenan de aventuras y me daba consejos de vida profundos. Que él, precisamente, me describiera así fue tan doloroso que me detuve en seco.

—¿Qué? —dije. Intenté mantenerme neutral, pero para mi sorpresa y vergüenza, las palabras salieron entre lágrimas—. No puedo creer que hayas dicho eso —le dije—. No es que no sepa que me han contratado, pero es que es tan... frío.

Sollocé y me sequé los ojos el tiempo suficiente para ver cómo palidecía. Rara vez se queda sin palabras, pero en ese momento lo hizo.

—No quería decir que no les gustas —dijo—. Solo quería decir... Ay, me siento fatal. Lo siento mucho.

—Podrías haber encontrado una forma más amable de decirlo.

—Podría haberlo hecho. Claro. ¿Qué puedo hacer?

—No, nada. Estoy bien.

—No estás bien. Tengo ojos.

Me reí. Sólo Garnet podía hacerme sonreír en un momento así. —Es que me entrego por completo a mi trabajo y a mis relaciones con los clientes, y oír que solo soy alguien a quien pagan y nada más, es una forma muy dolorosa de pensarlo.

—Lo sé. Yo no te veo así. Para mí, eres una amiga. Y una buena amiga.

Nunca lo había oído decir eso, y sabía que no era alguien que diría algo así solo para hacerme sentir mejor. Se estaba poniendo bastante vulnerable, y de repente me invadieron las ganas de abrazarlo.

No era una sensación nueva para mí (soy de las que dan abrazos y suelo abrazar a mis amigos con facilidad), pero Garnet se comportaba de una forma que mostraba que necesita espacio personal. Siempre es cariñoso, pero nunca muestra el más mínimo cariño físico.

Pero en ese momento, me di cuenta de que nuestra amistad se había estrechado lo suficiente como para que yo pudiera superar su incomodidad. Había asumido que yo era tan importante para él como él para mí, pero que lo dijera en voz alta terminó de validarlo. Abrí los brazos y lo rodeé con ellos.

Resultó ser un momento memorable porque, con su 1,88 de altura, Garnet me saca casi 30 cm. Cuando lo abracé, me sentí como una niña pequeña abrazando su barriga. Y debido a su incomodidad con el afecto físico, no sabía muy bien cómo responder. Se quedó rígido, pero me devolvió el abrazo.

Fue uno de los abrazos más incómodos de mi vida, pero también uno de los más importantes. Fue entonces cuando supe que éramos realmente amigos.

9. Nuestras Singularidades Son Nuestros Superpoderes

"Y llegó el día en que el riesgo de permanecer apretado en un capullo era más doloroso que el riesgo de florecer".

—Anaïs Nin

Fecha: 7 de Junio de 2012
Hora: 5 a.m.
Sesión: 92

Estábamos a un mes de Kananaskis, y la energía que sentíamos por el evento impulsaba nuestras sesiones de entrenamiento. Garnet y yo habíamos pasado meses reclutando y organizando un equipo de diez corredores (la carrera requería que cada participante hiciera un tramo de relevo de 16 kilómetros) y decidimos que yo haría el tramo 5, que es mayormente cuesta arriba, y Garnet el 9. El resto de nuestro grupo estaba formado por miembros del grupo de corredores de Garnet los sábados, así como por algunas personas con las que habíamos estado en contacto a través de amigos.

El tramo de Garnet lo llevaría a través de un valle inclinado con una vista impresionante de las montañas, y quería asegurarme de que pudiera hacerlo sin complicaciones. En parte, quería que disfrute de la experiencia; se había esforzado mucho durante nuestros entrenamientos y había llegado muy lejos desde que empezamos a trabajar juntos. Además, quería asegurarme de que no tuviera ninguna dificultad física. Su pantorrilla no se había aflojado mucho, y lo último que necesitaba era que un calambre fuerte le frenara el paso. Para contrarrestar esa posibilidad lo mejor que se pudiera, le di consejos para minimizar los problemas que pudieran surgir debido a los viajes en avión y el tiempo que pasaba sentado por trabajo. Durante la semana previa a esta sesión, le había pedido a Garnet que corriera todos los días. Mientras trotábamos por nuestro sendero habitual, me di cuenta de que lo había estado haciendo.

—Garnet, la diferencia en tu resistencia es increíble —le dije—. No solo esta semana, sino también recordando cómo estabas físicamente en nuestros primeros meses de entrenamiento.

—Bueno, todo gracias a ti — dijo—. ¿Recuerdas lo que te dije? Cuando decidí hacer este gran cambio en mi vida, fue por aquella carrera por el aeropuerto de Toronto que me dejó jadeando y empapado en sudor.

—Nunca lo olvidaré.

Corrimos en el silencio unos minutos. El sol sale muy temprano en Saskatoon en primavera, así que a diferencia de nuestras oscuras carreras de invierno, estábamos bañados por la luz del sol y el calor. La luz se reflejaba en el río Saskatchewan en pequeños diamantes, dándole a la mañana un toque mágico. Garnet rompió el silencio con algo que había estado siguiendo de cerca.

—¿Cómo está Keenan? —me preguntó.

—Está genial —le conté, y era cierto. Habían pasado dos meses desde su cirugía y, aunque aún no estaba al cien por cien, ya estaba de pie y corriendo. Lo más asombroso para mí era su valentía; estaba ansioso por mover su cuerpo de maneras que antes no podía. Esto era todo lo que podía pedir del procedimiento: descubrir que no tenía miedo al movimiento, dadas las limitaciones que tenía antes del marcapasos. Fue un alivio y una alegría ver a mi hijo lleno de energía y desinhibido.

—Me alegro mucho —dijo Garnet.

—Lo sé —dije—. Y, de hecho, yo también quería preguntarte algo.

—Dispara.

—¿Me puedes contar más sobre tu diagnóstico de TDAH? Empezamos a pensar que Keenan también podría tenerlo, basándonos en los comentarios que hemos recibido de sus profesores.

—Por supuesto. Y para ser sincero, Olivia, ya había pensado lo mismo sobre Keenan. Es extraño ver tantas similitudes entre Keenan y yo a esa edad.

—¿Y cómo has llevado tu diagnóstico?

—Bueno, hay que recordar que yo no lo conseguí hasta los cuarenta. Pero lo más importante es que las personas con TDAH son muy arriesgadas, más allá de lo que se considera normal, y podemos ser muy impulsivos. Para mí, eso significó tomar decisiones financieras de alto riesgo por capricho que finalmente me llevaron a la bancarrota. Estaba en camino de cambiar mi comportamiento cuando recibí ese diagnóstico, y me ayudó a tener un marco para algunas de mis acciones que no entendía. Empecé a leer libros y a usar herramientas de evaluación como Kolbe, Strengthsfinder y Myers-Briggs. Estudiar budismo también me ayudó a comprender la naturaleza de mi mente y mi consciencia.

—Suena a mucho trabajo.

—Lo fue. Pero el lado positivo de cómo se expresa mi

TDAH es que tengo una cantidad increíble de energía mental. Así que no pasé mucho tiempo compadeciéndome de mí mismo. En su lugar, entré en modo de resolución de problemas. Ahora soy más mesurado, paciente y mucho más colaborador.

—Qué interesante. Así que tu TDAH casi se ha convertido en tu superpoder.

—No *casi*; se ha convertido en mi superpoder. Todos los tenemos: características y rasgos de personalidad que nos hacen únicos y que pueden ser nuestra perdición o nuestro camino personal hacia el éxito. Solo tienes que asegurarte de que trabajen a tu favor y no en tu contra.

Supe de inmediato, sin siquiera pensarlo, cuáles eran algunos de esos rasgos en mí.

Era de las que piensan demasiado. Me encantaba profundizar en los detalles cuando algo me apasionaba, pero a veces me quedaba frenada. Tenía grandes objetivos para difundir mis ideas y mensajes, pero no estaba segura de que alguien quisiera escucharlos.

Garnet, como siempre, sabía lo que estaba pensando.

—Uno de tus muchos superpoderes, Olivia, es tu inteligencia y perfeccionismo. No quieres hacer algo a menos que sea irreprochable. Eso hace que tu trabajo sea excelente, pero también significa que no le dedicas al mundo tanto esfuerzo como podrías.

—¡Culpable!

—¿Cómo podrías aceptar tu esencia de ser Olivia y desafiarte a tomar mayores riesgos?

—¿Qué tal si yo tomo prestado algo de tu extrema sensibilidad para asumir riesgos, y tú tomas prestado algo de mi reticencia a asumirlos?

—Ya no lo necesito. Deberías ver mis rutinas y reglas diarias. Llego a casa y dejo las llaves en un sitio. Delego mi tiempo al minuto. También tomo medicación para sobrellevarlo. ¡Lo siento, vas a tener que arreglártelas tú sola!

A veces pensaba que Garnet disfrutaba mucho poniéndome en apuros.

—Bien —dije—. Bueno, además de lo que estoy haciendo para superarme, estaba pensando en empezar un podcast. Y, siendo sincera, lo que me frena es la idea de grabar algo y luego... publicarlo.

—Es una idea maravillosa y sería un gran reto. ¿De qué trataría el podcast?

—Todavía no estoy del todo segura. Quizás entrevistas con otros expertos en salud y bienestar que vean esa cultura como yo.

—¿Qué te haría falta para empezar eso?

—¿Una copa de algo fuerte?

—Ja, ja. ¡Qué ganas de escuchar el primer episodio!

Cosas Para Pensar Sobre

Encontrar, Abrazar e Implementar Nuestra Singularidad

Todos tenemos cualidades y características que pueden impulsar nuestro éxito o desanimarnos.
La clave está en encontrarlas, ser honestos con nosotros mismos sobre cómo las utilizamos actualmente y hacer los cambios necesarios.

Existen muchos tests de personalidad que podemos usar como punto de partida. Después de completar uno, podemos usar ese contexto para reflexionar sobre cómo influyen diversas características en nuestras vidas. Algunas preguntas que podemos hacernos son:

- ¿Cómo utilizo actualmente estas características personales?
- ¿De qué maneras me frenan?
- ¿Cómo puedo aprovecharlas de una manera que me resulte factible, pero a la vez desafiante, para ayudarme a alcanzar mis metas?

Desde ahí, podemos utilizar las herramientas del

Capítulo 2 para planificar los pasos a seguir para implementar cualquier cambio.

Mi entrenador de visualización me había encomendado un ejercicio aparentemente sencillo.

—Siéntate en este sofá —me dijo—, y visualiza dónde quieres estar dentro de tres años.

Cerré los ojos y comencé a respirar. Normalmente hacíamos visualizaciones guiadas juntos, pero para esta, dejé que mi mente divagara a su antojo. Mientras dejaba que mis pensamientos se desvanecieran, no me di cuenta de que estaba a punto de tener una visualización en dos partes que cambiaría mi perspectiva de la vida.

Mi padre y yo llevábamos mucho tiempo distanciados, pero habíamos tenido visitas periódicas a lo largo de los años. Había visto a Keenan un par de veces y me llamaba de vez en cuando. Sin embargo, poco a poco, había perdido el contacto por completo. Y al entrar en mi visualización, me di cuenta de que no había hablado con él en más de una década. Había llegado a un punto en el que no tenía forma de localizarlo y no tenía ni idea de si estaba vivo o muerto.

Me costaba aceptar que no lo había perdonado por no querer formar parte de mi vida. Quería estar en su vida, pero él no quería estar en la mía. Me puso muy triste. Intentaba encontrar la paz, porque sentía que me estaba frenando emocionalmente de alguna manera.

Mientras me relajaba en el sofá y dejaba que mi mente vagara, mi padre se acercó a mí y, de repente, sentí tanta calidez y amor hacia él y de él. Me di cuenta de que la razón por la que me sentía tan triste por nuestra relación era porque lo amaba muchísimo. Fue un regalo sentir tanto amor, porque en el fondo, y a pesar de todo, sabía que él me amaba y que yo lo amaba. Aunque no lo tuve en mi vida, aún conservaba ese sentir de saberme amada por él.

Después de eso, la visualización cambió y vi a mi padre como era cuando mi hermana y yo éramos niñas. Era muy divertido, y recordé que esa había sido una de las cosas que más me gustaban de él. A veces, se sentaba en el suelo y jugaba con nosotras, o cuando íbamos en el auto, nos contaba historias de Jasón y los Argonautas y otros cuentos de la mitología griega, algunos mitos reales y otros simplemente inventados. Nos contaba esas historias a mi hermana, a mí y a nuestros cuatro primos. Mientras lo hacía, inventábamos lo que sucedía después, y él lo desarrollaba a partir de ahí, con nosotros pendientes de cada palabra suya. Al ver todo esto en mi visualización, las frases que me vinieron a la mente para describirlo fueron "don de palabra" y "carismático".

—Te los di —le oí decir—. Los amas de mí, pero también están en ti.

Era una sensación abrumadora: de alguna manera, había hecho un pacto con mi padre. Ese pacto decía que él no estaría en mi vida, pero iba a permanecer en mí. Él me había dado estos dones, y aunque fueran los únicos que me quedaran, tenía que usarlos. Eran dones del Espíritu que necesitaba aprovechar, y mi vida nunca estaría plena hasta que lo hiciera.

A través de esa experiencia, ya no cuestionaba si me amaba o no. En cambio, comencé a elegir agradecer lo que mi padre ya me había dado en lugar de lamentar lo que me faltaba. A su manera, me había enseñado lo que significaba sentir un profundo amor por otra persona. Por extraño que pareciera, considerando todo, estaba muy agradecida de que hubiera elegido ser mi padre a pesar de las pérdidas que había sufrido. Por ahora, eso me bastaba. Llevábamos unos diez minutos corriendo en silencio, disfrutando del aire fresco y la tranquilidad antes de empezar nuestros días ajetreados. De repente, Garnet irrumpió.

—Este sendero es tan hermoso —comentó—. Me recuerda algo que solía hacer con mis hijos.

—¿Ah, sí? —pregunté—. ¿Qué cosa?

—Viajamos mucho, incluso cuando no podíamos permitírnoslo, para que pudieran ver la belleza y la diversidad de diferentes partes del mundo —dijo—. Vieron las ruinas de Chichén Itzá. No pararon de hablar de ellas durante días.

—Es un recuerdo maravilloso —añadí.

—Quería que pudieran notar la magia de la vida, —explicó—, sin importar lo que estuviera pasando

10. Familia Elegida

"Me las arreglo con un poco de ayuda de mis amigos..."

—"With a Little Help from My Friends," Joe Cocker

Fecha: 12 de Julio de 2012
Hora: 5 a.m.
Sesión: 100

La carrera de relevo de 160 kilómetros de Kananaskis se celebró por primera vez en 1987 y, desde entonces, se ha convertido en una carrera muy querida tanto por corredores de relevos experimentados como por principiantes. Conocida por sus magníficos paisajes y su desafiante elevación, es una de las competiciones más difíciles pero gratificantes que pueden realizarse en Canadá.

Para cuando aterrizamos en Alberta, Garnet y yo estábamos listos. Él pudo completar fácilmente una carrera de 16 kilómetros, y yo me había estado esforzando al entrenar en un terreno que reflejaba la verdadera batalla cuesta arriba que enfrentaría en mi tramo de la carrera.

La mañana de la carrera, un amanecer espectacular tiñó el cielo de rojos y naranjas. Observamos con asombro mientras nos dirigíamos a la línea de salida. Para cuando los primeros corredores salieron, había comenzado a llover y continuaría durante todo el día. Nos esperaba una carrera pasada por agua.

La primera etapa de la carrera comenzó en las faldas de Longview, Alberta. Nuestro corredor líder recorrió un tramo de la Carretera 541, que asciende hasta las Montañas Rocosas canadienses. A partir de ahí, el recorrido se fue haciendo cada vez más accidentado, hasta alcanzar una altitud máxima de 2206 metros sobre el nivel del mar en el Paso Highwood, el paso de montaña pavimentado más alto del país.

Mi etapa fue la quinta, la que alcanzó la altitud máxima y, sin duda, la más difícil. Cuando llegó mi turno, me esforcé al máximo. Empezando a paso rápido, no pude evitar recordar el año que Garnet y yo pasamos entrenando juntos. Habíamos llegado muy lejos, no solo físicamente, aunque él había hecho progresos increíbles en su salud, sino también emocionalmente y a nivel de nuestra relación. Aunque rara vez hablaba de eso, Garnet estaba pasando por un momento difícil cuando nos conocimos. Se tomó muy mal su divorcio y se culpaba de todo lo que salió mal en su matrimonio. Ahora, lo veía encontrar verdadera alegría en sus carreras de fin de semana, el tiempo que pasaba con Keenan y el tiempo que pasábamos charlando durante nuestros entrenamientos.

En mi caso, todavía me estaba recuperando de todo lo que había compartido conmigo, consejos que le habría gustado saber a mi edad. Entrené a muchos directores ejecutivos, y era raro que me preguntaran sobre mi vida personal, y aún más que intentaran ayudarme. Gracias a la sabiduría que Garnet me transmitió, sentí que tenía una mejor trayectoria para mis próximos pasos. Sabía que sería un trabajo duro, pero también sabía que tenía un amigo de mi lado.

Llegué a la cima del Paso de las Tierras Altas y me tomé un momento para mirar a mi alrededor. La vista era impresionante, tal como me habían prometido. Podía ver montañas color carbón, lagos cristalinos y colinas y colinas de abetos que se extendían a mis pies. Fue impresionante, y me di cuenta de que no podría haberlo logrado sin los corredores de mi grupo que me precedieron. Sin su esfuerzo y todo nuestro trabajo en equipo, nada de este viaje habría sido posible.

———

Nuestro último corredor cruzó el meta justo al atardecer. Nos reunimos en Kananaskis Village, una comunidad remota pero hermosa llena de actividades al aire libre, y los corredores y los equipos de apoyo celebraron con una comida y fiesta posterior a la carrera en el Pomeroy Kananaskis Mountain Lodge

Rápidamente divisé a Garnet y al resto del equipo. —¡Lo logramos! —dije, chocando las manos.

—¡Lo logramos! —dijo Garnet, dándome un abrazo inesperado—. Sabía que podíamos.

Nuestro equipo estaba encantado con el resultado. No quedamos primeros, pero ese nunca fue el objetivo. Garnet logró uno de sus objetivos: poder correr 16 kilómetros. Y en el camino a eso, ambos creamos una maravillosa comunidad de amigos que se apoyaban y que también se esforzaban por ser la mejor versión de sí mismos.

Más tarde, mientras comíamos carne asada junto a una fogata, Garnet y yo hablamos más sobre esa comunidad. Me había contado meses atrás que se arrepentía muchísimo de todo el tiempo que pasó trabajando en lugar de estar con su exesposa e hijas. Si bien en aquel momento lo consideraba necesario económicamente, también vio cómo sus hijas heredaron algunas de sus tendencias de adicción al trabajo. A medida que crecía y reflexionaba más sobre sí mismo, comprendió que lo más importante era el amor y las relaciones. Ahora, dijo, esa idea estaba evolucionando hacia la noción de una familia elegida.

—No tuve una familia muy grande y he perdido a mucha gente a lo largo de los años —contó—. Así que ahora empiezo a darme cuenta de que puedo elegir quién quiero que forme parte de mi familia.

—¿Alguna vez te preocupa volverte vulnerable? —le pregunté—. ¿Que se aprovechen de eso?

—Empiezo cada relación basándome en la confianza, y la gente tiene que ganarse el resto —dijo—. Sigo creyendo en la bondad del prójimo todos los días, todo el tiempo, y también sé que sí, hay gente que se aprovecha de la amabilidad. A veces sigue siendo desgarrador y siempre es decepcionante. No todo el mundo merece estar en tu círculo. Pero no puedes encerrarte por completo en ti mismo por miedo.

—He conocido gente así en mi vida, Garnet, y lo que he notado es que termino sintiendo resentimiento hacia ellos si intentan aprovecharse de mí. Entonces se vuelve algo que quiero evitar.

—He estado pensando mucho en esto últimamente, Olivia, porque no tengo a nadie en mi familia biológica en quien pueda confiar o a quien recurrir. Así que te contaré cómo se ha definido la familia para mí. Tengo personas cercanas y ayudo a muchas personas diferentes en mi vida. Pero hace poco me reuní con Rich Christiansen, un empresario muy exitoso, que empezó a dedicar su vida a ayudar a familias adineradas en su proceso de sucesión. Cuando nos reunimos con él, le comenté que tenía gente a mi alrededor que… —Garnet hizo una pausa, y pude ver que estaba conteniendo las lágrimas—. Personas que desearía que fueran mis hijos —completó—. Rich hizo una analogía de lo que constituye una familia y dijo: 'La familia es alguien que daría un tiro por ti'. Eso me dejó paralizado. Nunca tuve gente así en mi familia biológica. Pero de inmediato, en cuanto dijo eso, pensé en al menos una persona en mi vida que encajaba con esa descripción. Eso… —añadió—, es la familia elegida.

Sin darme cuenta, yo también estaba secándome las lágrimas. Tampoco había tenido esa relación con mi familia biológica, y sabía que sería algo con lo que tendría que lidiar el resto de mi vida, incluso mientras continuaba mi proceso de sanación. Aun así, escuchar a Garnet decirlo me cambió la perspectiva: no tenía nada de malo que no haya encajado en la familia en la que nací, pero ninguno de nosotros podía vivir la vida solo. Puede que haya sido más difícil encontrar una familia elegida, pero la forma en que Garnet lo dijo me hizo saber que valió la pena.

Cosas Para Pensar Sobre
Ser Como Quienes Elegimos Que Nos Rodeen

Tengamos o no una relación sólida con nuestra familia de origen, siempre podemos elegir a quién dejamos entrar en nuestras vidas a medida que envejecemos.

La familia se compone de las personas que amamos, que estarán ahí para nosotros y viceversa, pase lo que pase. Podemos mantenernos abiertos a esas personas y a la idea de que nuestra familia siempre puede crecer, cambiar y expandirse: abriendo nuestro corazón, aprendiendo a confiar y eligiendo ser vulnerables.

Al mismo tiempo, debemos practicar la difícil decisión de dejar ir a alguien si se está aprovechando de nosotros o no corresponde a nuestra amabilidad. Dolerá, pero al final, nos encontraremos rodeados de personas con las que podemos contar y que pueden contar con nosotros.

Todo lo descrito en este libro apunta a ser dignos de confianza y hacer lo correcto. Si queremos personas con las que podamos contar, ellas también necesitan poder contar con nosotros. Eso es la familia, y es lo que todas nuestras familias podrían ser, sin importar cómo la hayamos obtenido.

Al conocer gente nueva, debemos tener en cuenta que algunos serán conocidos, otros amigos y algunos podrían convertirse en nuestra familia. Para ayudarnos a determinar qué tan cerca deberíamos estar de una persona, estas son algunas preguntas útiles que podemos hacernos:

- ¿Cómo me siento después de ver a esta persona? Deberías sentirte mejor contigo mismo, animado, no deprimido, insultado ni desanimado.
- ¿Cuáles son los valores de esta persona y cómo se alinean con los míos?
- ¿Se esfuerza esta persona por crecer continuamente y me anima a hacer lo mismo?

No todos necesitan convertirse en nuestra familia elegida; de hecho, muy pocos deberían. Con estas preguntas, podemos determinar cuánto debemos dejar entrar a alguien y cuándo sería mejor dejarlo ir.

Tras la muerte de mis hermanos, me llevó ocho años empezar a procesar sus ausencias. En agosto, le dije a mi esposa que quería el divorcio. Nuestro matrimonio no funcionaba y llevaba años sin hacerlo, pero en el fondo, aún sentía una profunda culpa. Sospechaba que podría haber hecho más para salvar la relación si hubiera tenido las herramientas. Pero, más que eso, me fui cuando todo iba bien. Mi esposa me había apoyado durante todos mis años de vida desenfrenada y durante una bancarrota, y ahora, en el momento en que volvía a estar bien, yo decidía dar un paso al costado.

Ese otoño había ido todo bien, pero durante las fiestas, las cosas eran diferentes. A medida que se acercaban, noté que mi soledad y culpa empeoraban. Pasé el día de Navidad con mi hija, aunque mi ex esposa también estaba ahí. Sabiendo que no podía quedarme a pasar la noche, me fui y conduje hasta casa de mi hermana menor, pero mi hermana tenía sus propios problemas. Estaba luchando contra la adicción, así que la visita fue un desastre. Me fui poco después de llegar. A medida que me alejaba, la noche se hacía más oscura y las carreteras menos visibles, y empecé a desmoronarme. De camino a casa, me pusieron dos multas por exceso de velocidad con 25 minutos de diferencia, y para cuando crucé la puerta, me derrumbé, abrumado por mis propios pensamientos. Tenía tanto miedo que llamé a una amiga que es doctora.

> *No estaba seguro de si estaba realmente al borde del abismo, pero los pensamientos seguían ahí. Pensaba en mi familia y en cómo algunos de ellos ya habían muerto jóvenes. Empezaba a preguntarme si yo también tenía esa misma mentalidad.*
>
> *—No sé qué hacer —le dije a mi amiga—. No quiero hacer lo que mi mente me dice, pero todos los pensamientos siguen ahí.*

Mi amiga me ayudó a superarlo y me ayudó a recuperar la estabilidad mental, pero la experiencia me movió profundamente.

Volví a terapia en invierno y primavera, y mi terapeuta insistió en que era necesario afrontar mi dolor y mi trauma, para desatar los nudos que me aferraban emocionalmente. Lo más importante que debía abordar eran dos episodios que aún me atormentaban: la sensación de haber sido abandonado a mi suerte en el auto cuando era niño y los suicidios de mis dos hermanos.

Mi terapeuta me sugirió un retiro llamado "Come Alive". Organizado por una organización llamada The Haven, el retiro se celebró en la isla Gabriola, en la Columbia Británica. Situado a la orilla del agua, los participantes se alojaban durante una o varias semanas en cabañas rústicas rodeadas de bosques frondosos. Después de investigar un poco, descubrí que el centro ayudaba a las personas a superar traumas mediante terapia de grupo y ejercicio, además de acupuntura china.

Acepté asistir y llegué un domingo, con un clima precioso. Era otoño, las hojas estaban cambiando de color y soplaba una brisa fresca proveniente del agua. Pasé ese día adaptándome y conociendo a mi grupo y el campus. Al día siguiente, empecé mi tratamiento de acupuntura, y fue entonces cuando todo se desmoronó. Visualizaba el momento en que mi madre cerró la puerta tras de mí el día de campo, seguro de que moriría en el suelo del auto, solo. Pronto, empecé a llorar, y mientras lo hacía me costaba respirar.

Estaba teniendo un ataque de asma, algo que no me había pasado desde los 16 años.

Varios entrenadores de The Haven me llevaron a una habitación privada y se sentaron conmigo mientras liberaba todo mi dolor y miedo reprimidos. En total, estuvimos en esa habitación por cuatro horas. Pero aún no había terminado.

Unos días después, tuve otra sesión de acupuntura, esta vez centrada en la muerte de mis hermanos. A medida que el dolor me invadía, reconocí algo que no había identificado hasta entonces: la culpa. Una parte de mí se aferraba a la idea de que podía haberlos salvado, de que sus muertes fueron, de alguna manera, mi responsabilidad. Si hubiera estado más cerca de mi hermana o hubiera pagado las cuentas de mi hermano, pensé, tal vez las cosas podrían haber sido diferentes. Empecé a soltar la idea de que sus muertes eran culpa mía y, una vez más, me largué a llorar. Con esa liberación llegó la creencia de que podía dejarlos ir, dejarlos descansar en paz y permitirme encontrar algo de paz yo también

Epílogo

"Al final, sólo importa la amabilidad".

—Jewel

Después de que Garnet y yo volamos de vuelta de Kananaskis, nuestras sesiones de entrenamiento se hicieron menos frecuentes, pero no perdimos el contacto; todo lo contrario.

Nuestra amistad siguió profundizándose y yo a menudo acudía a él con inquietudes personales y de negocios. Como mi padre ya no estaba en mi vida, agradecía profundamente que alguien en su posición me ofreciera consejos, pero mi relación con Garnet dio un paso más cuando, tras mucha reflexión, terminé mi relación con el padre de Keenan. Garnet tenía un piso en Saskatoon e insistió en alquilármelo a un precio que yo podía pagar.

Sin esa oferta, no hubiera podido dar ese giro a mi vida. Me habría quedado atrapada en una relación que, si bien era amorosa, no funcionaba por muchas otras razones. Pero como alguien con profundas dificultades para confiar, la oferta también demostró que Garnet realmente iba a estar ahí para mí. No necesitaba alquilarme el piso; podría habérselo alquilado a otra persona por más dinero. Pero lo hizo porque de verdad quería que Keenan y yo estuviéramos bien.

A medida que nuestra amistad evolucionó, nunca dejamos de desafiarnos mutuamente. Después de que Garnet se volviera a casar, él y su nueva esposa se comprometieron con la idea de la familia elegida. Ambos tenían hijos de matrimonios anteriores, pero ninguna conexión real con sus familias de origen, y compartían la visión de acoger en su círculo más íntimo a personas que se sintieran como familia. Ambos creían firmemente que la familia era lo más importante en la vida.

Después de unos cinco años, nuestras familias eran muy unidas. Yo también me había vuelto a casar y me había mudado a un nuevo lugar en Saskatoon. Un día, Garnet me dijo que había invitado a Keenan a su familia elegida. Me sentí descolocada y muy dolida. Años atrás, me lo habría guardado, habría seguido adelante y habría fingido estar feliz por Keenan mientras curaba una profunda herida. No habría tenido el valor de hablar. Pero Garnet y yo habíamos construido el tipo de amistad que me permitía expresarle con seguridad mis verdaderos sentimientos.

—Eso es increíblemente generoso —le dije—, pero ¿qué hay de mí?

Garnet me contó después que oírme decir eso fue como una puñalada en su corazón. Él lo veía desde la perspectiva de que yo estaba casada, tenía una vida familiar estable y estaba intentando ampliar el apoyo a Keenan.

—Me sentí fatal —dijo—. No lo había pensado así, pero en cuanto lo dijiste, pensé: ¿Cómo no lo había visto así?

Garnet amplió su invitación para incluirme también. No es tradicional, y lo entendemos. Pero es la versión de familia que tiene sentido para nuestra pequeña unidad. Además, la capacidad de Garnet para escucharme en ese momento tuvo un profundo efecto, porque me ayudó a deshacerme de uno de mis ladrillos más resistentes: el que me impide confiar en mí misma.

Correr riesgos como defenderte puede significar enfrentarte al rechazo o a sufrir de alguna otra manera. Pero a veces, te ayuda a encontrar el camino.

El año que Garnet y yo pasamos entrenando juntos, enseñándonos mutuamente, aprendiendo y creciendo juntos, sigue siendo uno de los años más cruciales de mi vida. Fueron, en total, cientos de carreras, estiramientos y levantamiento de pesas, además de tantas lecciones que cambiaron mi vida y que nunca olvidaré.

Conclusión: Vive La Vida con Integridad

"El problema del mundo es que dibujamos nuestro círculo familiar demasiado pequeño".

—Madre Teresa

Al final, lo más importante en la vida es vivir con integridad. Sin integridad (que el diccionario de Webster define como "la cualidad de ser honesto y tener sólidos principios morales; rectitud moral"), no es posible una vida exitosa, una en la que podamos mirarnos al espejo cada día y saber que estamos a la altura de la persona que vinimos a ser.

Cada capítulo de este libro describe un aspecto del trabajo que implica desarrollar los principios y comportamientos que necesitamos para vivir en armonía con la mejor versión de nosotros mismos. Para resumir estos puntos, a continuación se presentan algunas ideas para ayudar a desarrollar cada faceta de nuestra propia integridad:

Ladrillos

Identificar el sistema de creencias que nos inculcaron desde pequeños puede ser una de las partes más difíciles de este proceso. Debemos recordar preguntarnos: ¿hemos sido honestos sobre cuáles son nuestros ladrillos? ¿Hemos profundizado en el sistema de creencias de nuestra familia e identificado las falsas limitaciones que otros nos han impuesto y nuestras capacidades?

Hábitos

Después de identificar nuestros ladrillos, es hora de ponernos manos a la obra para eliminarlos. Al empezar a definir los hábitos que queremos cambiar, tenemos que asegurarnos de no ponernos excusas. ¿Justificamos nuestros malos hábitos o reforzamos un viejo sistema de creencias que nos dice que no podemos cambiarlos?

Sueños

Los sueños son lo que realmente deseamos, lo que nuestro corazón anhela. Cuando imaginamos nuestros sueños, ¿provienen de nuestra propia imaginación o de las ideas de otra persona para nuestras vidas? ¿Son lo que realmente deseamos para nosotros mismos?

Valores

De todas las facetas de la integridad y de superar sistemas de creencias obsoletos, identificar nuestros valores y vivir según ellos es una de las más importantes. En este punto, debemos preguntarnos si hemos invertido suficiente tiempo en la autorreflexión para identificar con precisión qué es lo más importante para nosotros. Y después de hacerlo, ¿estamos listos para aceptar que vivir según nuestros valores es un viaje que dura toda la vida, uno que requiere ser honestos con nosotros mismos cada día?

Generosidad

A menudo, cuando pensamos en generosidad, la pensamos en términos de dar, quizás económicamente o quizás de nuestro tiempo. Pero la generosidad implica mucho más que eso. Significa hacer lo que decimos que vamos a hacer, cuando decimos que vamos a hacerlo. También significa hacer lo correcto, lo que refleja nuestros valores, incluso cuando sea muy desagradable. Ese es el verdadero espíritu de dar.

Objetivos

Con demasiada frecuencia, hablamos de lo que queremos hacer, tener o ser sin hacer planes concretos para lograr o conseguir lo que nos proponemos. Esto no solo no nos impulsa, sino que refuerza la idea de que no podemos tener o hacer lo que queremos. Fijarse metas específicas es fundamental para alcanzar nuestros sueños. Cuando nos damos cuenta de que hablamos más de lo que actuamos, es hora de poner manos a la obra y crear un plan.

Incomodidad

La verdad sobre establecer metas es que el camino para alcanzarlas va a ser accidentado. Si lo hacemos bien, nos llevará lejos de nuestra zona de confort. Pero ahí está la buena noticia: sentirnos incómodos es la forma en que sabemos que lo estamos haciendo bien. Al descubrir maneras de superar esa incomodidad, como mediante la respiración profunda o los mantras, podemos llegar a la siguiente etapa de nuestra vida con integridad.

Resiliencia

Cuando nos cruzamos con esos inevitables contratiempos en el camino hacia nuestras metas, debemos volver a la honestidad. ¿Qué salió mal y por qué? No siempre podemos controlar los obstáculos (de hecho, suelen estar fuera de nuestro control), pero sí podemos controlar cómo respondemos a ellos. Podemos examinar nuestros contratiempos y ver si podríamos haber hecho algo diferente. De nuevo, debemos ser honestos para levantarnos del suelo.

Singularidad

A medida que avanzamos hacia el éxito, podemos empezar a reconocer aquello que nos hace únicos. Pueden ser fortalezas o debilidades; la cuestión es que esas pequeñas imperfecciones, esos defectos superficiales, son lo que nos hace especiales. Son lo que nos define, lo que nos permite ejecutar y vivir nuestras propias vidas de la mejor manera para nosotros, no nuestra familia de origen, ni nuestro jefe, ni nuestros amigos. Somos nuestra propia arma secreta y nuestra propia luz.

Familia Elegida

¿Quiénes forman parte de nuestro círculo íntimo? Todos hemos oído el viejo dicho: "Eres como de quien te rodeas". ¿Elegimos pasar tiempo con personas que nos inspiran, personas que darían lo que fuera por nosotros, y hacemos lo mismo por ellas?

Apéndice I

Preguntas Para Hacerte A Lo Largo De La Vida

Cuando empezamos a ser honestos con nosotros mismos, aprendemos que nada se puede lograr en la vida sin mirarnos al espejo y ser brutalmente sinceros. Esto es una de las cosas más difíciles que cualquiera puede hacer, y requiere años y años de práctica.

Esto se debe en parte a que todos tenemos diferentes versiones de nosotros mismos, diferentes roles que desempeñamos en distintos momentos, lo que puede hacer que nos preguntemos quién es nuestro verdadero yo. Cuando volvemos a la casa de nuestra infancia después de haber vivido solos, por ejemplo, podemos volver a querer que alguien más nos lave la ropa y los platos. No se debe a que seamos incompetentes o irresponsables; más bien, se debe a que quienes somos puede cambiar según las personas con las que estemos y el contexto en el que nos encontremos.

Y, sin embargo, bajo las capas de normas sociales, lo correcto y lo incorrecto, el perfeccionismo y la rebeldía, hay versiones de cada uno de nosotros que se acercan más a quienes realmente creemos ser.

Al responder a estas preguntas, debemos considerar tanto

nuestro pasado como nuestro futuro. ¿Quiénes somos ahora y en quiénes queremos convertirnos? No podemos ofrecer respuestas basadas en el "debería": lo que creemos que deberíamos hacer o quiénes creemos que deberíamos ser. Debemos tomar las decisiones que anhela nuestro corazón.

Las respuestas a estas preguntas van a cambiar y a evolucionar, como lo haremos todos a lo largo de nuestras vidas. Eso significa que debemos ser curiosos sobre nosotros mismos desde ahora hasta nuestro último día en la Tierra.

Tenemos que recordar siempre que las pequeñas cosas suman. Este libro está diseñado para inspirar la imaginación. Nos invita a considerar lo que antes parecía imposible; sin embargo, eso no significa que solo las grandes acciones cambien nuestro futuro. La mayoría de los cambios se dan gracias a pequeños pasos, a veces incluso con una simple intención. Tender la cama con regularidad por la mañana importa tanto como sacar buenas notas. Enviar una tarjeta de agradecimiento aporta tanto amor al mundo como una donación benéfica. Las pequeñas cosas no importan por el cambio que generan en el mundo; importan por cómo se acumulan y por los cambios que generan en nosotros.

Para comenzar este hermoso viaje de autoconocimiento continuo, te dejamos a continuación algunas preguntas que podemos hacernos cuando nos sentimos estancados:

Cuando Queremos Romper Un Hábito:

1. ¿A qué problema sirve esta solución?
2. ¿Las decisiones que tomé hoy se alinean con quién quiero ser y con lo que es importante para mí?
3. ¿Con qué puedo reemplazar este hábito?

Cuando Nos Enfrentamos A Un Desafío En La Vida:

1. ¿Cómo he superado este tipo de desafío en el pasado?
2. Si no me he enfrentado a algo similar, ¿cómo he superado otros desafíos en el pasado?
3. ¿A quién le puedo pedir ayuda?

Cuando Nos Sentimos Perdidos o Estancados:

1. ¿Estoy viviendo según mis valores?
2. ¿Cuáles son las acciones o creencias limitantes que me han llevado a esta situación?
3. ¿El miedo me está frenando?

Cuando Estamos Frente A Una Decisión Difícil:

1. ¿Qué me dice mi corazón?
2. ¿Qué opción se ajusta a mis valores?
3. ¿Existe alguna creencia limitante que me diga que no puedo hacer o tener alguna de estas opciones?

Cuando Estamos Experimentando El Éxito:

1. ¿Qué comportamientos y acciones me llevaron hasta aquí?
2. ¿A quién más ayuda este éxito, además de a mí?
3. ¿Qué sigue?

Un Ejercicio de Visualización Para Cuando Nos Sentimos Estancados:

Imagina que estás en la tercera edad. Estás sentado en un hermoso jardín, contemplando la vida que has vivido. Al recordar el tiempo transcurrido entre entonces y ahora, sientes una profunda satisfacción, plenitud y alegría. Aunque has enfrentado desafíos y la vida a veces ha sido cruel, has logrado mantenerte fiel a ti mismo lo mejor que has podido.

¿Qué cualidades y valores personales se representan en esa vida? Observa cualquier actividad que te indique que vives de acuerdo con estos valores.

Apéndice II

Lista de Lectura

La lectura es un elemento fundamental para ser enseñable. Hay disponibles cientos de libros excelentes para ayudarnos en nuestro camino, pero estos son algunos de nuestros favoritos. Elaboramos esta lista pensando en los libros que más han marcado nuestras vidas.

Tuesdays with Morrie por Mitch Albom

Cuando a un querido profesor le diagnostican una enfermedad terminal, un exalumno se da cuenta de que solo tiene un tiempo limitado para repasar sus conversaciones. En el proceso, el estudiante, ahora adulto, aprende a comprender lo que realmente importa en la vida.

Radical Compassion por Tara Brach

La maestra de mindfulness Tara Brach ofrece una práctica de meditación conocida como RAIN (Reconocer, Aceptar, Investigar, Nutrir). El objetivo de Brach es animar a los lectores a superar creencias limitantes y sentimientos dolorosos, y a encontrar espacio para avanzar en la sabiduría.

I Thought It Was Just Me: Women Reclaiming Power and Courage in a Culture of Shame por Brené Brown

La investigadora de renombre mundial y autora de más de media docena de libros comparte sus ideas y filosofías sobre la vergüenza, la vulnerabilidad y las mujeres. En estas páginas, Brown anima a los lectores a conocer (y amar) sus imperfecciones y vulnerabilidades, y a compartirlas con el mundo.

The Secret por Rhonda Byrne

Publicado en 2006, El Secreto se convirtió en un éxito de ventas y marcó una gran influencia en la vida de muchos de sus lectores. El libro explora la idea de la ley de la atracción, que afirma que al pensar en lo que queremos o necesitamos, podemos influir en los acontecimientos del mundo que nos rodea. El libro sugiere que El Secreto puede aplicarse a todos los aspectos de la vida.

A Course in Miracles Made Easy por Alan Cohen

El autor Alan Cohen estudió el *Course in Miracles* original. En este libro, retoma los mensajes centrales y los condensa en su esencia más profunda. El volumen incluye enseñanzas sobre el amor, el perdón y la paz interior.

The Wisdom and Teachings of Stephen Covey

Stephen Covey, autor del influyente libro *The 7 Habits of Highly Successful People*, falleció en 2012, dejando un legado de ideas y prácticas ricas. Aquí, sus enseñanzas sobre liderazgo y gestión del tiempo se recopilan para el disfrute de los lectores.

The All or Nothing Marriage por Eli J. Finkel

A medida que el matrimonio ha evolucionado hasta su versión moderna, también lo han hecho las mejores prácticas que lo rodean. Aquí, el psicólogo social Eli J. Finkel revela los secretos para que el matrimonio funcione y para que cada persona pueda crecer y evolucionar en su interior.

How to See Yourself As You Are por Tenzin Gyatso, el 14avo Dalai Lama

Su Santidad el Dalai Lama afirma en este libro que todos los seres humanos pueden alcanzar la felicidad y el sentido de sus vidas mediante el autoconocimiento. El libro ofrece enseñanzas, ejercicios y anécdotas personales para guiar a los lectores en su viaje.

Power vs. Force por David R. Hawkins

Al equiparar el poder con atributos positivos como el amor y el coraje, y la fuerza con atributos negativos como la violencia y la ira, el psiquiatra David R. Hawkins examina cómo los humanos pueden avanzar hacia la realización de su potencial.

Think on These Things por Krishnamurti

A través de esta colección de charlas y ensayos, el difunto filósofo y líder espiritual Krishnamurti ofrece sus reflexiones sobre la condición humana moderna y todas las preocupaciones que conlleva. Los temas incluyen la educación, el cuidado del planeta, el miedo, el respeto y la alegría.

Bird by Bird por Anne Lamott

Este libro sobre el arte de la escritura puede parecer sobre cómo plasmar las palabras en una página, pero su sabiduría es mucho más profunda. La autora Anne Lamott muestra a los lectores cómo ser pacientes, cómo descomponer las tareas abrumadoras y cómo perseverar ante los desafíos, paso a paso, pájaro a pájaro.

Broken Open por Elizabeth Lesser

A veces, los períodos más difíciles de nuestras vidas resultan ser los más importantes. Eso es lo que la autora Elizabeth Lesser descubrió tras unos años de cambios y turbulencias casi constantes. El libro resultante enseña a los lectores a aceptar el cambio y a ver que todos a nuestro alrededor están pasando por las mismas cosas: que estamos todos juntos en esto.

Fear: Essential Wisdom for Getting Through the Storm por Thich Nhat Hahn

En esta guía clásica, el maestro zen y líder espiritual Thich Nhat Hahn ofrece su guía para examinar, superar y superar el miedo. El libro incluye caminos para desentrañar las causas de nuestro miedo y afrontarlas directamente.

Teachings on Love por Thich Nhat Hanh

Esta guía para amar bien en todas las relaciones, incluida la nuestra, se basa en las enseñanzas del estilo de vida del Buda, así como en experiencias y anécdotas personales. Thich Nhat Hanh muestra a los lectores cómo usar la atención plena y la consciencia para amarnos mejor.

The Four Agreements por Don Miguel Ruiz

El líder espiritual y pensador Don Miguel Ruiz describe cuatro de los mensajes centrales presentes en las enseñanzas toltecas. Examina cómo la forma en que nos relacionamos con nosotros mismos y cómo nos responsabilizamos ante el mundo son la clave para una vida feliz y exitosa.

The Leader Who Had No Title por Robin Sharma

El autor canadiense Robin Sharma revela sus métodos probados y eficaces para la innovación, la influencia, el reconocimiento de oportunidades y mucho más en esta guía práctica. Sharma, un orador muy solicitado, anteriormente solo estaba disponible para unos pocos.

Future Shock por Alvin Tofler

Publicado en 1970, el futurista Alvin Tofler exploró los efectos humanos y psicológicos del rápido cambio social. El título proviene de un artículo que Tofler había escrito cinco años antes, en el que investigaba el latigazo que experimenta la persona promedio cuando se producen grandes cambios, principalmente tecnológicos, en un corto período de tiempo.

Alone Together por Sherry Turkle

En esta innovadora exploración, la investigadora del MIT Sherry Turkle examina cómo la tecnología nos ha dado la ilusión de estar conectados cuando, en realidad, estamos más solos que nunca. El trabajo se basa en cientos de entrevistas, y si bien Turkle encontró muchas tendencias inquietantes en el curso de su investigación, también halló algo inesperado: la esperanza.

Ideas por Peter Watson

En este análisis de la historia de las ideas, Peter Watson rastrea el pensamiento original hasta hace más de un millón de años y luego lleva a los lectores en un viaje a través de las eras, desde la antigua Grecia hasta el Renacimiento, el darwinismo e internet. Al hacerlo, explora con detenimiento cómo las ideas han moldeado nuestra cultura y nuestras vidas.

A Return to Love por Marianne Williamson

Una reflexión sobre *Course in Miracles* de Helen Schucman, *A Return to Love* detalla el camino de la autora hacia la paz interior a través de la aceptación del amor. El libro examina conceptos como la relación con un poder superior, el perdón, la infelicidad y el miedo.

Apéndice III

Conócete a Ti Mismo: Evaluaciones Psicométricas y de Personalidad

En capítulos anteriores, hemos enfatizado la importancia del autoconocimiento como base para la integridad y el crecimiento personal. Para encontrar el impulso necesario para superar nuestras creencias limitantes y vivir con autenticidad, debemos conocer nuestras fortalezas y habilidades únicas. Las evaluaciones a continuación pueden brindar una guía útil al intentar determinar nuestras fortalezas únicas.

Si bien ninguna evaluación por sí sola puede capturar completamente la complejidad de quiénes somos, cada una puede brindar valiosas perspectivas sobre ciertos aspectos de nosotros mismos, permitiéndonos aprovechar nuestros dones innatos en lugar de resistirlos o compartimentarlos.

Índice Kolbe

El Índice Kolbe es una evaluación única, ya que no mide la inteligencia, la personalidad ni el estilo social. En cambio, mide las maneras instintivas en que actuamos cuando nos esforzamos, distribuyendo nuestras puntuaciones en cuatro categorías distintas para que podamos ver claramente cuáles de nuestras tendencias son las más dominantes.

Con los resultados del Índice Kolbe, podemos comprender mejor nuestro modus operandi (MO) único: cómo nos gusta hacer las cosas en el mundo cuando actuamos plenamente como nosotros mismos.

Para tomar la prueba del índice KOLBE, por favor visita:
https://secure.kolbe.com

Myers-Briggs Type Indicator (MBTI)

Existen numerosas fuentes en línea para realizar la autoevaluación MBTI, ampliamente utilizada. Esta herramienta se desarrolló originalmente para ayudar a las personas a seleccionar ocupaciones que se ajusten a sus tipos de personalidad. Hoy en día, la prueba se utiliza para ayudar a las personas a comprender sus propias personalidades, incluyendo sus gustos, aversiones, fortalezas, debilidades, posibles preferencias profesionales y compatibilidad con otras personas.[1]

Para tomar la prueba de Myers-Briggs Type Indicator (MBTI), por favor visita:
https://www.themyersbriggs.com

Plum

Plum es una potente plataforma de evaluación laboral diseñada para ayudar a las personas a diagramar una trayectoria profesional que se ajuste a sus talentos y a sus ha-

1. Ohwovoriole, T. (2024, August 27). *Which personality types are most and least compatible?*. Verywell Mind. https://www.verywellmind.com/personality-types-compatibility-8686793.

bilidades únicas. Al combinar un enfoque centrado en el usuario con un análisis exhaustivo de datos, la plataforma ayuda a generar sugerencias profesionales que son, en promedio, cuatro veces más precisas que las herramientas de la competencia.

Para tomar la prueba de Plum's career assessments, por favor visita:
https://www.plum.io

StrengthsFinder

La evaluación de StrengthsFinder, que posteriormente se rebautizó como evaluación CliftonStrengths, fue desarrollada por Don Clifton, figura clave en el campo de la psicología positiva. Esta evaluación está diseñada para identificar los talentos y los patrones naturales de pensamiento, sentimiento o comportamiento de una persona. A su vez, esta información le permite dedicar más tiempo al desarrollo de habilidades que podrían convertir estos talentos en fortalezas fundamentales.

Para tomar la evaluación de StrengthsFinder, por favor visita:
https://www.gallup.com/cliftonstrengths

Nota del Autor

Las lecciones de este libro son el credo que sigo, no habitualmente, pero siempre.

Creo de corazón que cualquiera que se esfuerce por definir su vida de esta manera y vivir según ella —sin mentirse a sí mismo, sino afrontando las duras realidades de su propia existencia— puede alcanzar cualquier meta que aspire.

Empieza cada día con lo que puedes hacer por los demás dentro del marco establecido en el libro y prosperarás.

Casi todos los días me entusiasma el potencial que veo en la vida, tanto en mí como en los demás, y me esfuerzo por desarrollar ese potencial. Si todos hiciéramos lo mismo, el mundo podría ser un lugar mucho mejor.

Mi misión en la vida es ayudar a quienes sienten lo mismo, pero necesitan ayuda para desarrollar las herramientas que les ayuden a seguir ese camino.

El camino al que hago referencia es la suma de las partes de este libro: objetivos, tenacidad, valores, integridad y, sobre todo, generosidad de espíritu: estar dispuesto a ayudar en todo lo que podamos.

—Garnet Morris, 2024

Sobre los Autores

Olivia Chadwick, doctora en Kinesiología, es coach de rendimiento mental, fisióloga del ejercicio certificada, podcaster, conferenciante y fundadora de Movement Medicine, una práctica de coaching pionera en su tipo, compuesta por un equipo integrado de líderes mundiales en la aplicación de la ciencia del ejercicio. Como presentadora del podcast *She Knew Better*, su objetivo es presentar a invitados que ofrecen consejos expertos y afectuosos para ayudarnos a superar los desafíos de la vida, afrontar errores y contratiempos, y superarnos. Chadwick vive en Saskatoon, Saskatchewan, Canadá. *17 Carreras* es su primer libro.

Garnet Morris es un empresario con más de 40 años de experiencia en la industria de los seguros. Con solo estudios de bachillerato, fundó The Targeted Strategies Group (TTSG), la principal firma canadiense de corretaje dedicada a ayudar a emprendedores y sus familias a proteger, preservar y optimizar su patrimonio mediante pólizas de seguro de vida. A los 49 años, transformó su salud al perder 59 kilos, tras lo cual se apasionó por el fitness personal, el desarrollo personal y el aprendizaje continuo. Morris nació y creció en pequeños pueblos de Saskatchewan, donde aún reside. *17 Carreras* es su primer libro.

Para más información sobre Olivia Chadwick y Garnet Morris, por favor escanea el código QR que aparece debajo:

Sobre la Editorial

Legacy Launch Pad es una editorial boutique que colabora con empresarios de todo el mundo. Para más información sobre Legacy Launch Pad Publishing, visita:

www.legacylaunchpadpub.com

www.ingramcontent.com/pod-product-compliance
Lightning Source LLC
LaVergne TN
LVHW020318061026
849616LV00032B/438